1 MONTH OF
FREE
READING

at

www.ForgottenBooks.com

By purchasing this book you are eligible for one month membership to ForgottenBooks.com, giving you unlimited access to our entire collection of over 1,000,000 titles via our web site and mobile apps.

To claim your free month visit:

www.forgottenbooks.com/free1005489

ISBN 978-0-331-03247-5
PIBN 11005489

For support please visit www.forgottenbooks.com

Einleitung

in die

Lehre von Auflagen.

(von Gmelin.)

Georg Christian Gmelin

Nördlingen,
bey Karl Gottlob Becken, 1778.

—— Experimentum periculofum ; judicium difficile !

HIPPOCRATES.

Vorbericht.

Die Wohlfahrt der Regenten und des Volkes ist mit der weisen Einrichtung der Auflagen so genau verwebt, daß man diesem Felde nicht genug Bearbeiter wünschen kann. Eben so sehr aber wäre es auch zu wünschen, daß jeder dieser Bearbeiter Grund und Boden genau kennen und seinem Pfluge die rechte Richtung zu geben wissen möchte, weil nicht jede willkührliche Behandlung des Feldes seine Fruchtbarkeit vermehret.

Die

Vorbericht.

Die Politiker unserer Zeit theilen sich in zwo Hauptsekten ab: in die Stürmer und Orgone. Wann jene nur von Utopien und Scheschian träumen, und alle Staatsverfassungen nach ihren Idealen umformen wollen: so haben hingegen diese kein angelegeneres Geschäfte, als sich, den Regenten, und das Volk in ihrem sanften Schlafe zu erhalten, und das Nützliche so wie das Schädliche der anererbten väterlichen Grundlage — beydes ist ihnen gleich heilig — gegen alle Neuerungen zu verpallisadiren. — Haben sie vollend in die herkommlichen Rubriken ein arithmetisches Plus eingeschaltet, so erlauben sie sich wohl gar

gar mit Young auszurufen : „wer
„das Beste thut, was er zu thun weiß
„— kann auch ein Engel mehr
„thun ? —

Keine dieser Sekten prüft die her-
gebrachte Finanzverfassung. Jene will
sie umgeändert wissen, nicht weil sie
wirklich nachtheilig ist, sondern —
um zu reformiren; diese aber wider-
setzt sich der sogenannten Neuerung,
nicht weil sie überzeugt ist, daß das
Alte besser sey als das Neue, sondern
blos — weil sie, vielleicht aus Bequemlichkeit oder Vorurtheil, jede Veränderung haßt. — Beode Extremitä-
ten stehen gleich weit von ihrem gemeinschaftlichen Mittelpunkte ab.

Ewig

Vorbericht.

Ewig wird es eine unwidersprech-
liche Wahrheit bleiben, daß es in manchen Ländern durchaus nicht möglich
seye, die einmal eingeführten öffentlichen Abgaben umzuschmelzen ; oder,
wo dieses auch praktikabel wäre, daß
man doch bey ihrer Umänderung fast
nicht Behutsamkeit und Vorsicht
genug anwenden könne. Manche
Auflage ist in einem Lande sehr nützlich,
die in einem andern in noch viel höhe-
rem Grade schädlich seyn würde. Man
wird eine nachtheilige Auflage abschaf-
fen, und doch Gefahr laufen, eine
noch ungleich schädlichere an ihre Stelle zu setzen, weil auch der schärfeste
Blick öfters nicht hinreicht, alle Fol-

gen

gen in ihrer ganzen Größe und in ihrem ganzen Zusammenhang zu übersehen; wird man aber durch ihre Wirkungen überzeugt, daß der getroffene Tausch nachtheilig ist: so vermag man doch nicht allemal dem Uebel wieder zu steuern. Findet man nach genauer Prüfung und reifer Ueberlegung, daß die eingeführte Auflagen den Unterthan wirklich zu sehr drücken: wer wird Muth genug haben, dem Regenten eine landesväterliche Erleichterung anzurathen; oder glücklich genug seyn, mit diesem ungewöhnlichen Vorschlag Gehör zu finden? — besonders in unsern Zeiten, da man gewohnt ist, mit dem Namen Finanzler den nämlichen

Begriff

Begriff zu verbinden, welchen sich unsere Väter nur bey dem Worte: Alchymist dachten! Ergiebt sich hingegen aus unserer politischen Rechnung ein ganz entgegengeseßtes Resultat: so gehöret doch immer noch ein sehr nachgiebiges Gewissen dazu, ohne wesentlichen Nothfall — und ist dieser so leicht zu bestimmen? — eine Erhöhung vorzuschlagen. In einem, wie in dem andern Falle, scheinet also unsere Bemühung die Frucht zu versagen.

Gleichwohl halte ich alles dieses nicht für hinreichend, uns von der Pflicht des Nachdenkens und Prüfung ganz zu dispensiren. Immer ist noch

der

der Fall möglich, daß die vaterländi-
sche Verfassung einer Verbesserung fähig wäre, und nicht so gar selten sind
auch sehr scheinbare Hindernisse nur ein
optischer Betrug. Die gänzliche Verwandlung aller Auflagen des Marg-
gräflich Baadischen Dorfes Dietlin-
gen mögen uns lehren, wie vieles in
diesem Falle auch so gar in dem schwäbischen Kreise möglich ist, wann Herr
und Diener sich die Sache ernstlich
angelegen seyn lassen, und wann der
Regent seine Unterthanen vorhin schon
überzeugt hat, daß er ihr wahrer Landesvater sey. — Glückliches Volk über
welches ein Karl Friedrich herrscht! —
Eher dürfen wir also die Hand nicht in

den

Vorbericht.

den Schooß legen, als bis uns reifes
Nachdenken und sorgfältige Beobachtungen überzeugt haben, daß die Verfaſſung unſerer öffentlichen Abgaben
entweder die beſte in ihrer Art, oder
aus andern Urſachen keiner Verbeſſe-
rung fähig ſeye.

Mein Beruf machte mir's zur
Pflicht, mich auch mit der Lehre von
Auflagen möglichſt bekannt zu machen.
In Ermangelung eines eigentlichen Leh-
rers entſchloß ich mich alſo aus allen
Quellen ſelbſt zu ſchöpfen, die ich kennen lernte ; das Geſammelte nach meinem eigenen Plane zu ordnen, und bey
gelegener Zeit Betrachtungen darüber
anzuſtellen, welche vorzüglich das zur
Mode

Vorbericht.

Mode gewordene neue französische Finanzsystem veranlaßte. Praktische Bemerkungen, welche ich zu sammeln öfters Gelegenheit fand, trug ich in meine Kollektaneen ebenfalls ein: und so entstund unter der Hand dieser Traktat, welchen ich nur zu meiner eigenen Belehrung verfaßte, und jetzt, nach einiger Abänderung bekannt mache, in Hoffnung, auch andern, besonders Anfängern, damit nützlich werden zu können.

Zwar darf ich mir den stolzen Gedanken nicht erlauben, in diesem Fach etwas ganz Vorzügliches geleistet zu haben; aber meine gute Absicht ganz und gar zu verfehlen hoffe ich doch auch nicht:

Vorbericht.

nicht : dann ein Buch müßte unbegreiflich schlecht seyn, (sagt Wieland *) aus welchem man gar nichts lernen könnte ; und das, was man daraus lernen kann, müßte sehr wenig werth seyn, wann es die etliche Groschen nicht werth wäre, die man über den Werth des Buches, als Makulatur betrachtet, dafür bezahlen muß.

Ich weiß es, daß die Paragraphen heut zu Tag eine Schrift an ihrem zeitlichen Glücke fast eben so sehr hindern, als sie ihr ehemals zur Empfehlung dienen konnten; ich muß mich also noch kürzlich rechtfertigen, warum ich dannoch

: noch

---

* In den Beyträgen zur geheimen Geschichte des menschlichen Verstandes und Herzens.

Vorbericht.

noch dieſer alten Mode nicht entſag-
te. In Schriften von der Art wie ge-
genwärtige iſt, muß man manchen
Beweiß, manche Erläuterung wieder-
holen, wann man nicht die Stelle an-
zeigen kann, wo ſie bereits vorausge-
ſendet wurden, oder noch nachfolgen
werden; und hierbey kommen einem
die §§ trefflich zu ſtatten. Ueberhaupt
muß man im Schreiben, (ausgenommen bey Vademekumshiſtörchen), doch
immer eine gewiſſe Ordnung beobachten, und nach einem vorgeſetzten Plan
arbeiten. Was ſoll mich aber abhalten, dieſe dem Leſer mitzutheilen?
Durch einen vorausgeſchickten ſummä-
riſchen Inhalt, erſpahre ich wenigſtens

dem

Vorbericht.

dem Leser die Mühe, solche Stellen selbst nachzulesen, welche seine Neugierde nicht reizen, seiner Aufmerksamkeit unwerth zu seyn scheinen. Diese Gründe haben mich bewogen, der Weise meiner Väter treu zu bleiben.

So wenig ich durch Verbeugungen, Entschuldigungen und affektirte Bescheidenheit eine geneigte Aufnahme dieses Traktats zu erschleichen gedenke; eben so wenig bin ich auch gesonnen, den Herrn Kunstrichtern nach Autorsgebrauch, in der Vorrede zu sagen, daß ich mich über ihr Urtheil großmüthig hinwegsetzen werde. Lob oder Tadel in allgemeinen Ausdrücken,

Vorbericht.

cken, mit dem Tone eines Diktators ausgesprochen, werden zwar keinen sonderlichen Eindruck auf mich machen; wer sich aber die Mühe geben will, mir aus Gründen zu zeigen, wo ich gefehlet habe, ob und wie ich mein Buch verbessern könne; dem sey mein wärmster Dank geweyhet! Findet dieser Versuch einigen Beyfall: so will ich künftighin alle Stunden, die mir mein Beruf frey lässet, und sollten sie mir auch noch so sparsam zugetheilet werden, mit wahrem Vergnügen dazu verwenden, ihn seiner Vollkommenheit näher zu bringen. Sehr glücklich würde ich mich schätzen, wann mich auswärtige Kameralisten mit Beyträ-

gen

Vorbericht.

gen von mir noch unbekannten Auflagen und Bezugsanstalten großmüthig
unterstützen wollten.

Doch, mein Gemälde ist nun aufgestellet, und nach Klopstocks Lehre,
kann also das Publikum mit Recht
von mir fordern, daß ich weggehe und
— schweige.

In-

Innhalt.

* * *

Von

Innhalt.

Kennzeichen vorzüglicher Auflagen.

§. 7.

Eintheilung der guten Eigenschaften der Auflagen in wesentliche und zufällige.

a) **Wesentliche Kennzeichen guter Auflagen.**

§. 8.

Eine unschädliche Auflage darf den Fond der Produktion nicht angreifen; sondern sie muß sich mit einem mäßigen Theile des reinen Ertrages begnügen.

§. 9.

Sie muß unter den Staatsgliedern eine wesentliche Gleichheit beobachten.

§. 10.

Sie muß die Bevölkerung nicht hindern, sondern vielmehr möglichst befördern.

§. 11.

Sie muß der Handlung nicht nachtheilig seyn.

§. 12.

Innhalt.

Inhalt.

b) Zufällige Kennzeichen unschädlicher Auflagen.

§. 18.

Sehr vortheilhaft ist es wann durch eine Auflage auch Fremde, vorzüglich mit besteuret werden können.

§. 19.

Wann ferner die Auflagen in sehr kleinen Theilen, und also fast unmerklich bezahlet werden können.

§. 20.

Wann man sie von Gütern erheben kann, welche der künftige Eigenthümer noch nicht ganz in seinem Besitz und in seiner Gewalt hat.

§. 21.

Wann bey ihnen keine Reste entstehen können.

§. 22.

Wann sie sich möglichst gleich bleiben und nicht oft abändern.

§. 23.

Wann bey ihnen einzelne Nachlässe und Moderationen, wo nicht ganz vermieden werden können, doch nur selten statt haben.

Von

Innhalt.

Zweyter Abschnitt.

** 3

Inhalt.

Zweyter Abschnitt.

Innhalt.

Zweyter Abschnitt.

** 4

Innhalt.

Innhalt.

Zweyter Abschnitt.

** 5

§. 65.

Innhalt.

Inhalt.

Dritter Abschnitt.

C

Von

Innhalt.

⁂

Von Konsumtionsauflagen.

§. 89.

Definition der Konsumtionsauflagen, und doppelte Art, sie zu erheben.

§. 90.

Vortheile der Konsumtionsauflagen.

§. 91.

Fernere Vortheile dieser Auflagen.

§. 92.

Ob Konsumtionsauflagen eine unaufhörlich wachsende Theurung der Waaren nach sich ziehen?

§. 93.

Schlettweinischer Beweiß dieses Satzes.

§. 94.

Gegenbeweiß.

§. 95.

Innhalt.

Innhalt.

Vierter Abschnitt.

Innhalt.

2

Einleitung.

A

Ursprung, und Verschiedenheit
der Auflagen.

§. 1.

Ursprung der Auflagen.

So wenig der Mensch ohne alle Gesellschaft
glücklich leben kann — man denke sich
z. B. nur das Glück des einzigen Bewohners eines Eilandes — so unbedeutend würde sein
Glück in einer Gesellschaft ohne Ordnung und ohne Oberhaupt seyn. Die unersättliche Begierden
der einzelnen Glieder einer Gesellschaft durch-
kreutzen sich unaufhörlich, und in dem Maaß, in
dem sie sich ausbreiten, wie nebeneinander ent-
standene Zirkel im Wasser. Die daraus erfol-
gende Kollisionen erfordern Schiedsrichter; Sit-
tenlehrer sollen das Uebel für die Zukunft vermindern, und Aerzte dem in Unordnung gerathenen
Körper wiederum aufhelfen.

Es ist also ganz unumgänglich nothwendig,
daß viele einzelne Glieder alle ihre Zeit und Kräf-

ten

ten der Sorge für das Beste der ganzen Gesellschaft
aufopfern; daß sie schon ihre ersten Lebensjahre der
Zubereitung zu ihrer künftigen Bestimmung wid-
men; ja daß sie durch ihr Aeusserliches sich von ihren
Mitbürgern unterscheiden und sich dadurch jenes
Ansehen verschaffen, welches ihren Anordnun-
gen in den Augen des blos sinnlichen und rohen
Theils von Menschen den nöthigen Nachdruck geben muß. Aber auch diese Vorsteher der Gesellschaft sind wieder Menschen, wie ihre Mitbürger;
sie werden eben so sehr von Neigungen und Begierden beherrschet, welche öfters nicht geringe
Unordnungen verursachen. Es ist also auch diesen wieder ein Oberhaupt nöthig, welches sie in
der Ordnung erhält.

Da nun die Gesellschaft von ihrem Oberhaupt
und dessen Hülfspersonen fordert, daß sie mit
Hintansetzung ihrer eigenen Angelegenheiten stets
für das gemeine Beste sorgen und arbeiten sollen; so erfordert auch die natürliche Billigkeit,
daß die ganze Gesellschaft hinwiederum jene der
Sorge für ihren standesmäßigen und bequemen
Unterhalt überhebe. Jedes Individuum nimmt
Antheil an den Wohlthaten einer weisen Regierung, und keines kann sich also auch des Bey-
trages zu den Unterhaltungskosten desselben entziehen.

ziehen. Daher aber entstunden öffentliche
Abgaben.

§. 2.

Maaßstab, nach welchem solche unter die
Staatsglieder zu vertheilen sind.

Hierüber sind wohl fast alle Menschen einig
gewesen, daß jeder, der im Staate Schutz, Sicherheit und Gerechtigkeit genießt, auch seinen
Antheil an der gemeinen Last zu tragen schuldig
sey; über den Maaßstab aber, nach welchem
diese gemeine Last unter die Staatsglieder ver-
theilet werden soll, hat man sich noch nicht so
gut vergleichen können. In monarchischen Staaten sucht man nicht selten, ohne vorsichtige Wahl,
alle nur mögliche Mittel hervor, um den Regenten und seine Schatzkammer zu bereichern; in
Aristokratien legen die Vornehmsten, welche in dem
Besitz der Quellen von den Einkünften des Staats
sind, die ganze Last auf den geringen und armen
Theil der Bürger; und in demokratischen Repub-
liken mangelt es dem Volke, welches die höchste
Gewalt in Händen hat, oder seinen Bevoll-
mächtigten oft an Einigkeit, nicht selten aber
auch an hinlänglichen Einsichten eine gute Austheilung zu treffen.

A 3 Würde

Würde man aber wohl gegen das wahre Beste
des Staats, oder gegen die Grundsätze des natürlichen Rechtes anstoßen, wenn man die Unterhaltungskosten des Staats unter seine Bürger
nach dem Maaß ihrer Geniessungsrechte
vertheilen wollte?

§. 3.
Ursprung der Personalauflagen.

Ursprünglich waren die Bürger ziemlich, ja
fast ganz gleich; sie hatten gleiche Geniessungsrechte, und entrichteten gleiche Abgaben. Die
Personalauflagen waren also jenen Zeiten ganz
angemessen, und wir dürfen uns nicht wundern,
daß sie die ältesten sind.

§. 4.
Entstehung der Produktionsauflagen.

Zugleich mit dem Ackerbau und der Viehzucht
gründeten sich die eigenthümliche Besitzungen der
Men-

Ich läugne deswegen nicht, daß nicht die
Domainen noch ältere Einkünfte der Regenten seyn mögen; der Leser beliebe sich nur zu
erinnern, daß hier nicht von gesammten
Staatseinkünften, sondern blos von Auflagen
die Rede ist.

Menschen; Kauf, Tausch, Geschenke, Erb-
schaften, minderer und größerer Fleiß brachten
Ungleichheiten in dem Reichthum, Ungleichheiten, wo nicht in den Geniessungsrechten der Bürger selbsten, doch wenigstens in dem Vermögen,
diese ihnen von Natur zustehende Geniessungsrechte ganz zu benutzen hervor. Man sah also bald
ein, daß durch die bisherigen persönlichen Auflagen der Arme zu hart gedrücket, der Reiche
hingegen zu sehr geschonet würde. Es war mithin Weisheit der damaligen Regierungen, daß sie
den Maaßstab der Auflagen änderten, und
solche nach der Menge der Produkte, welche
die Menschen durch Ackerbau, Viehzucht
und auf andere Art hervorbrachten, und nach-
hero nach den Besitzungen der Bürger in liegenden Gründen selbsten einrichteten. In den mitt-
lern Zeiten stunden die Geniessungsrechte der
Menschen ohne Zweifel in einem ziemlich gleichen
Verhältnisse mit ihren besessenen Grundstücken.
Produktionsauflagen, die zwote Hauptgat-
tung öffentlicher Abgaben, waren also jenem
Alter sehr angemessen.

§. 5.

Entstehung der Konsumtionsauflagen.

Mit der zunehmenden Bevölkerung mehrete
te Mannig=
solche, die
Staate dienten, noch auch durch ihren
weder
e verarbeiteten, oder ererbte
Jenes veranlaßte neue Auf=
den Gedanken, auch die feri=
zu belegen. Man be=
dachte, welche die

führten, oder verarbeiteten mit Auflagen; und
die dritte Klasse, nämlich die
Konsumtionsauflagen:

§. 6.

Nähere Bestimmung der Benennungen
Produktionsauflage und Konsumtions=
auflage.

In gewisser Maaß sind alle Produktionsauf=
lagen auch Konsumtionsauflagen; weil sie
nämlich zur Erhöhung des Preises des Produkts
mit beytragen, und also auch die zehrende Staats=
glieder durch den erhöheten Waarenpreiß dazu

7   kon=

kontribuiren müssen; und in eben der Maaß
könnte man auch alle und jede Konsumtionsausla-
gen hinwiederum Produktionsauflagen nennen,
weil sie allezeit Produkte voraußsetzen, auf welchen sie ruhen. Um also in der Folge allen Miß-
verstand zu vermeiden, wollen wir nur jene, welche hauptsächlich der produktiven Klasse
zur Last fallen, Produktionsauflagen, und
dagegen auch nur diejenigen Konsumtionsauflagen nennen, welche vorzüglich die sterile
Klasse beladen und mit der Größe ihrer
Konsumtion in einem genauen Verhältniß-
se stehen. Jene richten sich nach der Menge der
hervorgebrachten Produkte, und sind also ein
Theil der Einnahmen der Bürger; diese aber
richten sich nach der Menge der verzehrten Produkte, und sind ein Theil ihrer Ausgabe.

An und für sich ist die Distinktion dieser bee-
derley Abgaben ganz deutlich und leicht: wenn
man sich aber in die nähere Betrachtung der Abarten der durch Menschenwitz erfundenen unzähligen Auflagen vertieft; so ist man nicht selten
wegen ihrer Klassifikation in Verlegenheit. Zwar
haben sich viele durch die Aufschrift: Vermi-

Auflagen zu helfen gesucht; alleine wir enthalten uns dieser Hülfsklasse, weil sie nur dazu dienet, die Begriffe zu verwirren, und mit der Rechnungsrubrik: Insgemein, fast gleiche Wirkung hat. Diese ist, ihrer Bequemlichkeit wegen, in den meisten Rechnungen so voll gepfropft, daß dadurch bey nahe die Absicht, warum Rechnungsrubriken eingeführt werden, vereitelt wird.

Erster Abschnitt.

Kennzeichen vorzüglicher Auflagen.

§. 7.

Eintheilung der guten Eigenschaften der Auflagen in wesentliche und zufällige.

Um einigermaſſen beurtheilen zu können, welche Auflagen vor andern eingeführt, oder beybehalten zu werden verdienen, müſſen gewiſſe Kennzeichen ihrer Güte und brauchbarkeit ausfindig gemacht werden. Eine aufmerkſame Beobachtung
der Wirkungen, welche die bishero bekannt gewe-
ſene Auflagen hervorgebracht haben, wird hier die
beſte Handleitung geben.

Unter den guten Eigenſchaften der Auflagen
ſind einige mit dem Weſen einer guten Auflage ſo
genau verbunden, daß die Abgabe allezeit ſehr
nachtheilig ſeyn muß, wann ihr einige oder wohl
gar mehrere davon mangeln. Andere Eigenſchaften ſind zwar ebenfalls ſehr nützlich, und je mehrere derſelben eine Auflage zeigt, deſto mehr iſt
ſie anzupreiſen ; ſie ſind aber nicht ganz unentbehrlich, und eine Auflage kann auch ohne ihre
Verwandtſchaft immer noch gut ſeyn. Jene könn-

te man weſentliche, dieſe aber zufällige gute
Eigenſchaften nennen.

§. 8.

Eine unſchädliche Auflage darf den Fond der Produktion nicht angreifen.

Eine unſchädliche und brauchbare Auflage
darf den Fond der Produktion oder das
ſteuerbare Kapital ſelbſten durchaus nicht angreifen, ſondern ſie muß ſich nur mit einem billigen Theil der Produkte, oder der reinen Einkünfte des Beſteuerten begnügen ; und ohne dieſe Eigenſchaft kann eine Auflage bey allen übrigen
ſcheinbaren Vorzügen nimmermehr unſchädlich ſeyn.

Eine Auflage greift den Fond der Produktion
an, wann ſie ſo ſtark iſt, daß ſie dem Produ-
centen entweder nur einen zu großen Theil, oder
wohl das Ganze der Produktion entziehet, und
ihn alſo dadurch nöthiget, zu Beſtreitung ſeiner
Unterhaltungs- und Reproduktionskoſten ſelbſt einen Theil des ſteuerbaren Vermögens aufzuopfern.

Der Landmann, welcher unter ſo ſchweren
Auflagen ſeufzet, wird anfänglich Geld aufbor-
gen, und ſchon dadurch den reinen Ertrag ſeiner

Güter um den Betrag der Zinsen von diesem Ar-
leben auf immer schwächen, bis er endlich gar
zum Verkauf einiger Grundstücke gedrungen wird.
Seine Einkünfte vermindern sich mit jedem Jahr,
bis sie endlich mit samt dem Fond der Produktion sich in nichts verwandeln. Man möchte
zwar einwenden, daß der Käufer dieser Grundstücke sie künftighin bauen und die Abgabe davon entrichten werde; daß also die ganze Produktion des Staats immerhin die nämliche bleibe,
und es dem Regenten gleich viel gelte, ob er die
Auflage von diesem oder jenem erhebe: weil aber
alle Käufer der sodann immerzu feyl stehenden
Grundstücke durch die ungerechten und uneträg-
lichen Auflagen mit dem ersten Verkäufer in gleiche
traurige Lage gerathen; so ist am Ende doch niemand mehr vorhanden, der diese Grundstücke
kaufen will und kann; niemand der im Stand
wäre, das nöthige Vieh und Ackerwerkzeug zu
unterhalten und das Feld anzubauen. Das ganze Volk wird also ohne Rettung verarmen, den
Bettelstab ergreifen und auswandern; der Mo-
narch wird mithin ein ödes verlassenes Land und
gar keine Einkünfte mehr haben. ——

Kann man sich diesen traurigen Zustand als
möglich denken? — Die ganze Menschheit em-

pört

pört sich bey diesem blosen Gedanken, und doch war ihm Frankreich, welches unmäßige Vermögenssteuern entkräfteten, schon ziemlich nahe. Im Jahr 1759. befand es sich am Rande des völligen Verderbens, so daß das Parlament zu Rouen seinem Louis bien aimé vorstellen mußte : der gänzliche Verfall der Unterthanen sey unvermeidlich, wann der König fernerhin auf der Hebung der aufs höchste getriebenen Auflagen bestehe ; dann sie wären schon dem Zeitpunkt nahe gekommen, worinnen sie dem Könige weiter nichts als unfruchtbare Wünsche würden anbiethen können.

§. 9.

Sie muß unter den Staatsgliedern eine wesentliche Gleichheit beobachten.

Zu dem Wesen einer guten Auflage gehöret ohne Zweifel, daß sie unter den Staatsgliedern eine wesentliche Gleichheit beobachte. Eine geometrische Gleichheit also und nicht nur eine arithmetische *, wie sie auch selbst bey

der

* Diese Distinktion kommt in unsern neuern Finanzschriften häufig vor, und ich bediene mich also ihrer ebenfalls ; ob sie aber das ganz ausdruckt, was sie ausdrücken soll, getraue ich mir nicht zu entscheiden.

der Kopfsteuer statt findet. Auch ist es nicht genug, wenn diese geometrische Gleichheit nur unter den verschiedenen Klassen der Staatsglieder
beobachtet wird, sondern es muß auch selbst kein
Individuum vor dem andern merklich beschweret
werden. Ganz im höchsten Grad aber wird man
diese so wenig als eine andere gute Eigenschaft
bey einer Auflage antreffen, denn sonst wäre sie
vollkommen, und eine ganz vollkommene Auflage
ist unserer Welt nicht angemessen.

Jedes Glied des Staatskörpers nimmt Antheil am Wohl des Ganzen; jedes kann von der
Regierung Schutz, Sicherheit und Gerechtigkeit
fodern, und billig tragen also alle gleiche Last der
Abgaben. Wann aber einige zu sehr beschweret,
und andere dagegen destomehr geschonet werden;
so können jene nicht nur mit Recht klagen, daß
man ihre natürliche Rechte schmälere, sondern
sie werden dadurch vielleicht gar veranlasset, einen Staat zu verlassen, der sie unterdrückt; wenigstens werden sie doch außer Stand gesetzt,
fernerhin zu den öffentlichen Ausgaben beyzutra-
gen. Ju einem wie in dem andern Falle muß
ihr bisheriger Antheil an Abgaben den übrigen
Bürgern aufgelegt werden, und dadurch ver-
schwindet selbst der Vortheil, welchen diese aus
der Ungleichheit zu ziehen hoften.

B   Auf-

Auflagen bezahlt der Unterthan, um von der Regierung Schutz, Sicherheit und Gerechtigkeit zu erkaufen; sie sind also ein Kaufspretium. Wann aber ein Staat diese Waare zu theuer verkaufen wollte, so würde er bald seine Käufer, d. i. seine Einwohner verliehren, und sich dadurch seinem Untergang nähern, wann sie freye Bürger sind. * Ein Staat, welcher nicht aus freyen Bürgern, sonden größtentheils aus Sklaven bestehet, hat zwar das Auswandern nicht zu fürchten; er kann aber, seiner Natur nach, ohnehin niemals zu Kräften kommen. Und so, wie jedes Individuum an der Wohlfarth des Ganzen Antheil nimmt, so hängt auch wiederum das Wohl des Ganzen einzig und allein von dem Wohlstand der einzelnen Glieder ab.

Bergius ** will also, daß die gerechte (wesentliche) Gleichheit der Abgaben nicht nach den Personen, sondern nach der Proportion eines

* Daß unter dem Ausdruck: freye Bürger nicht blos Bürger einer Reichsstadt, oder einer freyen Republik, sondern nur das Oppositum von Leibeigenen hier verstanden werde, braucht beynahe nicht angemerkt zu werden.

** Im Kammeralmagazin Th. I. unter dem Titel: Abgaben §. II.

nes jeden Vermögens eingerichtet seyn solle, weil
derjenige, der ein großes Vermögen besitze, auch
einen größern Schutz und Sicherheit genieße, als
der, so ein geringes, oder gar kein Vermögen
habe.

§. 10.
Sie muß die Bevölkerung nicht hindern, son
dern vielmehr möglichst befördern.

Eine wesentliche Eigenschaft unschädlicher Abgaben ist es, wann sie die Bevölkerung nicht
hindern, sondern vielmehr befördern.

Die ganze Wohlfart, Macht und Ansehen
eines Staatskörpers hängt von der Größe seiner
Bevölkerung ab. Je mehrere Familien sich zu
einem gemeinschaftlichen Endzweck vereinigen, je
mehr sind sie im Stande sich alle mögliche Bequemlichkeiten des Lebens zu verschaffen; desto
leichter können sie ihre Absichten ausführen, und
um so besser sich gegen ihre Feinde vertheidigen. Billig wird also eine weise Regierung das Wachs-
thum der Bevölkerung nicht hindern, sondern vielmehr möglichst befördern.

Die Größe der Staatseinnahmen hängt ordentlicher Weise mit der Menge seiner Einwoh-

ner unzertrennlich zusammen; und seine Macht
steigt oder fällt mit der Zu = oder Abnahm seiner
ordentlichen Einkünfte. J.de Auflage, welche
der Bevölkerung schadet, verstopft also auch ohn=
fehlbar die Quelle seiner Einkünfte und unter=
gräbt, zwar unmerklich, aber desto gewisser und
ungehinderter seine Macht.

Die Auflagen können der Bevölkerung auf
mancherley Art nachtheilig werden: entweder,
wann sie durch ihre Ungleichheit einige Staats=
glieder zu sehr entkräften, oder wohl gar in Rück=
sicht auf das Gemeinewesen tödten; (§. 8.) oder,
wann sie die Verehel
igung erschweren; oder auch
wann sie sich mit der Menge der Kinder merklich
vermehren, wie z. B. manche Konsumtionsaufa
lagen.

Eine Auflage, welche die Bevölkerung nicht
nur nicht hindert, sondern wohl geradezu beför=
dert, wäre freylich eine höchstsätzbare Erfindung;
es ist aber zu besorgen, daß dieses Finanz=
problem noch lange unaufgelöset bleiben möchte.
Indessen wird ein Staat schon viel zur Bevölke=
rung beytragen, wann er Auflagen, welche der=
selben merklich schaden, mit andern verwechseln
kann, die ihr ungleich weniger Nachtheil brin=
gen.

§. II.

§. II.

Sie darf der Handlung nicht nachtheilig seyn.

Eine Auflage, welche der Handlung einen wirklichen, oder gar merklichen, Nachtheil bringt, kann nimmermehr unschädlich genannt werden.

Ohne Handlung wird ein Land niemalen einen hohen Grad physischer Glückseligkeit erreichen, noch vielweniger aber groß, mächtig und reich werden. Das Ausschliessungssystem einiger neuern Politiker, welche jedes Land von dem andern ganz unabhängig machen, alle mögliche Produkte selbst erzeugen und verarbeiten wollen, streitet gegen die Gesetze der Natur und kann niemal bestehen. Der südliche Theil von Europa wird niemals Holz, Zinn, Eisen, Felle zc. und der nördliche niemals Wein, Oel, Seide zc. nach Maaßgab seiner Bedürfnisse, hervorbringen können, und alle Kunstgriffe der Oekonomie werden hier ewig zu Schanden werden. Jedes dieser Länder muß also handeln; oder ohne diese ihm abgängige Produkte armseelig leben.

Nur die Handlung belebt die Künste, und Professionen, und befördert den Fleiß der Ein-

wohner

wohner. Wer wird thöricht genug seyn, natürliche oder künstliche Produkte zu erzeugen, die er
zu seinem eigenen Unterhalt nicht bedarf, wann
er solche nicht gegen andere Dinge vertauschen
kann? Fast alle Staaten bestreben sich daher
eiferigst, ihre Handlung möglichst auszubreiten;
nur wählen sie nicht immer die besten Mittel.
Fast alle suchen ihr Glück auf den Untergang ihrer Nachbarn zu gründen, und daher entstehen
öfftere Kollisionen, welche manchmal das Kommerz fast gänzlich zerrütten.

Ganz zuverläßig giebt es viele der Handlung
sehr nachtheilige Auflagen. Ob es aber auch
welche gebe, welche die Handlung im Ganzen
(denn bey einzelnen Handlungszweigen findet dieses schon statt,) wirklich und unmittelbar befördern können, mögen andere entscheiden. Vielleicht hat man zur Aufnahme der Handlung alles mögliche beygetragen, wenn man ihre wich-
tigste Hindernisse aus dem Wege geräumet hat. —
Die menschlichen Dinge in Europa sind gegen-
wärtig so beschaffen, daß sich die Handlung in
einem jeden Lande, welches bequem dazu liegt,
wenn man ihren Lauf nicht aufhält, blos
durch die Begierde des Gewinnstes, die von der
gegenwärtigen bürgerlichen Lebensart, und von
der

der Nacheiferung der handelnden Nationen an=
getrieben wird, von sich selbst wächst, und
sich ausbreitet; sagt Genovesi. *

§. 12.

Sie muß leicht und ohne großen Kostenauf=
wand zu erheben seyn.

Eine Abgabe, welche leicht zu erheben ist,
hat einen unendlichen Vorzug vor andern, deren
Einzug durch viele Schwürigkeiten, und gros=
sen Aufwand erschweret wird.

Zwar kann die leichte und wenig kostbare Art
der Erhebung einer Auflage allein, noch keinen
sichern Beweis ihrer Güte und Brauchbarkeit ab=
geben; im Gegentheil aber ist ein Impost, wel=
cher diese gute Eigenschaft nicht, den entgegen=
gesetzten Fehler aber wohl in ziemlicher Maaß
an sich hat, bey aller übrigen Brauchbarkeit nur
selten anzurathen.

Der Graf von Boullainvilliers sagt. I. A.
von den französischen Auflagen, daß der Auf=
wand, welchen ihre Erhebung verursachte, mehr
als den dritten Theil ihres ganzen Ertrags ab=

werfe

* In den Grundsätzen der bürgerlichen
Oekonomie, I. Th. 21. Hptst. §. 25.

werfe, und daß sich gegen hunderttausend hohe
und niedere Steuerbediente in diesem Reiche be-
fänden. Was für eine beträchtliche Erleichterung
könnte man dieser Nation verschaffen, wenn man
Abgaben einführte, welche nur die Hälfte dieser
Einnehmer erforderten? * Ein sechster Theil aller Abgaben könnte diesem Volke erlassen werden,
und noch hunderttausend arbeitsame Hände mehr
würden den Staat bereichern.

Zwar verzehren diese Staatsbedienten ihre
Besoldungen wiederum großen Theils im Staate
selbst, und in einheimischen Produkten; allein ist
der Staat dadurch gebessert? Alle Produkte, welche diese verzehren, entgehen dem auswärtigen
Handel ohne mindesten Ersatz, weil sie nur mit
einheimischem Gelde bezahlet werden; und also
wird der Staat alle Jahre um die ganze Konsumtion dieser überflüßigen Staatsbedienten wirklich
ärmer. Nur arbeitende, und nicht zehrende Glieder (es sey dann, daß sie von ausländischen
Renten leben) vermehren den Reichthum des
Staats.

§. 13.

* **Boisguillebert** glaubt, daß der hunderste
Theil dazu hinlänglich wäre.

§. 13.

Sie muß mit dem relativen Geld= und Waa=
renpreise in einem genauen Verhältnisse
stehen.

Das genaue Verhältniß des Kontribu=
tionsfußes mit dem relativen Geld= und
Waarenpreiß, ist ein wesentliches Kennzeichen
einer guten Abgabe.

Gold und Silber, und also auch die daraus
geprägte Münzen, sind Handelswaaren, und ha=
ben keinen beständigen und unveränderlichen
Werth. Wann die Quantität der edeln Metalle
zunimmt: so vermindert sich ihr Werth; das ist,
sie stellen einen geringern Theil von natürlichen
oder künstlichen Produkten vor als eheder.
Wann also der Werth der edeln Metalle sich ver=
mindert: so steigt, in Beziehung auf diese, der
Werth der übrigen natürlichen, oder künstlichen
Produkte.

Seit der Entdeckung von Amerika ist der
Preiß der edeln Metalle im Abnehmen; und durch
die neuern amerikanischen Unruhen, und durch
die daher auf uns gekommene englische Soldaten=
pachtgelder dürfte er noch weiter sinken, wenn
nicht andere Zufälle ihn in der Höhe erhalten. —

Der

Der tiefdenkende Abt Genoveſi merkt an, daß, nach allgemeinen Obſervationen, ſeit dreyhundert Jahren der Preiß des Silbers und Goldes von fünf auf eins gefallen ſeye; und wann dieſe Proportion auf gleiche Art beſtändig fortgehe: ſo werde er ſich in etwas mehr als vierhundert Jahren der Null nähern.

Bey einer Abgabe alſo, welche ſich nicht nach dem relativen Geld = und Waarenpreiß, ſondern nach dem nummerairen Münzfus richtet, hängt es vom Zufall ab, ob die Kontribuenten oder die öffentliche Kaſſen einbüſſen ſollen. Steigt der Werth des Goldes und Silbers: ſo verliehren jene; fällt er aber wiederum: ſo gewinnen ſie, und dieſe verliehren dagegen. Dieſer Fehler hängt beſonders den beſtändigen Geldpräſtationen an, welche einmal wie das andere nach Gulden, Thaler ꝛc. berechnet und bezahlt werden; ihr innerer Werth ſey auch, welcher er wolle.

§. 14.

Sie darf den Fleiß der Bürger nicht unterdrücken; ſondern muß ihn vielmehr möglichſt befördern.

Wann eine Auflage unſchädlich ſeyn ſoll, ſo kann man von ihr auch verlangen, daß ſie den
Fleiß

Fleiß der Bürger nicht unterdrücken; sondern vielmehr ermuntern soll.

Der Reichthum und die Macht eines Staats hängt von dem Fleiß seiner Bürger ab. Eine faule Nation verarmt in dem Mittelpunkt der Fruchtbarkeit, und ein fleißiges Volk hingegen zwingt auch die Natur zur Abgabe ihrer Schätze, wo sie Stiefmutter seyn will. Jede Regierung wird sich also bestreben den Fleiß ihrer Unterthanen zu beleben; und wann sie weise ist: so wird sie auch die Auflagen so einzurichten suchen, daß sie dieser Absicht nicht hinderlich sind.

Jede Abgabe, welche den Verkauf der erzeugten rohen und künstlichen Produkte erschweret, vermindert den Fleiß der Einwohner; so wie überhaupt schon jede Auflage, die dem Handel nachtheilig ist, auch der Industrie schadet, weil diese durch jenen fast ganz allein erzeugt und unterhalten wird. (§. 10.) Vorzüglich aber muß eine Auflage auf die zur Arbeit unentbehrlichen Dinge diesen schlimmen Erfolg hervorbringen; wie z. B. Schwifts Abgabe vom Gebrauch des Tageslichtes und ebendesselben Ohmgeld vom Wasser.

Zwar wollen mehrere Politiker behaupten, daß fast jede neue Auflage den Fleiß der Bürger

ver

vermehre, weil diese sich mit ihrer Arbeit insge=
mein nach der Größe ihrer Bedürfnisse richteten;
allein ich muß es bekennen, daß ich die Wahrheit
dieses Satzes nicht einzusehen vermag; sondern
vielmehr glaube, daß der Fleiß der Bürger sehr
wanken müße, wann sie ihre Arbeit verdoppeln
sollen, nicht um ihre Reichthümer und Bequem=
lichkeiten zu vermehren; sondern größere Abga=
ben entrichten zu können. Nichts ermuntert die
Industrie mehr, als wann der Arbeiter glaubt,
er genieße einzig und allein die Früchte seines
Fleißes; und man muß sich sorgfältig hüten, daß
man bey ihm nicht den geringsten Zweifel dage=
gen veranlasse.

Eine Abgabe ermuntert den Fleiß um so
mehr, je weniger sie ihn, in Vergleichung mit
andern verhindert. Dieses ist der ganze Begriff,
welchen ich mir von ihrem Einfluß auf die In=
dustrie machen kann.

§. 15.

Sie muß geradezu dem zur Last fallen, wel=
cher durch sie besteuret werden solle.

Eine unschädliche Abgabe muß geradezu
dem zur Last fallen, welcher durch sie be=
steuret

steuret werden soll. Wann ich zu Ausführung meiner Absicht Mittel erwähle, welche dieser nicht entsprechen, sondern eine ganz andere,
oder wohl gar entgegengesetzte Wirkung hervorbringen: so stoße ich gegen alle Klugheitsregeln
an. Wer also zu ganz besondern Absichten neue
Auflagen einführen will, der muß vorhero sorgfältig prüfen, ob sie auch so eingerichtet werden
können, daß sie die gehoffte gute Wirkung zuverläßig hervorbringen.

Z. E. Alle Konsumtionsauflagen werden von
den Verkäufern der damit belegten Produkte
gleich bey dem Eingang in das Land, oder auf
dem Marktplatz erhoben, und man überläßet es
diesen durch einen proportionirten Aufschlag auf
ihre Waaren sich dieser Last wiederum zu entla-
den, und sie auf die Verzehrer zu wälzen, weil
eine unmittelbare Erhebung des Impostes von
diesen letztern selbst mit unendlichen Schwürigkeiten verbunden wäre. Bey Produkten, welche
einen beynahe firen Preiß haben, dessen Erhöhung in der Gewalt der damit handelnden Personen bestehet, wird man dadurch seine Absicht
leicht und zuverläßig erreichen. Es giebt aber
viele Produkte, deren Preiß sich oft in einem
Tag ändert, weil er bloß von der Konkurrenz der

Käu

Käufer, und Verkäufer, und noch anderen Zufällen abhängt. Wollte man nun ſolche Produkte auch mit einer Konſumtionsauflage beſchweren, und ſolche ebenfalls von den Verkäufern erheben: ſo würde man das Produkt mit einer Produktionsauflage, und nicht mit einer Konſumtionsauflage beſchweret haben, weil es nicht in der Gewalt des Käufers ſtehet, durch eine Erhöhung des Kaufpreiſes ſich wiederum ſchadlos zu ſetzen.

Dieſe Eigenſchaft haben beynahe alle innländiſche rohe Produkte, welche die Hervorbringer ſelbſt zu Markt bringen, und verkaufen. Wer ſich von dem Grund oder Ungrund dieſer Behauptung recht lebhaft überzeugen will, darf nur einen Viktualienmarkt, oder eine Kornſchranne beſuchen: ſo wird er das plötzliche und öfters ganz unerwartete Steigen und Fallen der Preiße mit eigenen Augen anſehen. Es iſt auch ganz in der Natur der Dinge gegründet: dann die geringere, oder weniger zahlreiche Klaſſe beſtimmt den Preiß der Waaren, ſo wie der Monopoliſt ſolchen ganz in ſeiner Gewalt hat. Da, wo die Produkte in ſolcher Quantität erzeuget werden, daß ſie nicht nur die Bedürfniſſe der Landeseinwohner befriedigen, ſondern auch eine auswärtige Handelswaare abgeben können, iſt,

ordent‐

ordentlicher weise, der Vorrath immer größer, als
das Bedürfniß, und die Klaffe der Verkäufer
zahlreicher, als die Klaffe der Käufer: folglich
stehet es mehr in dieser, als in jener Macht, die
Preise zu bestimmen. Je weiter aber diese Produkte verführet werden, und je öfter sie aus einer Hand in die andere gehen, desto firer wird
auch ihr Preiß.

Ein Freund, welchem ich meine Handschrift
mittheilte, machte mir hier ein paar Einwürfe,
welche ich vielleicht von andern Lesern auch er-
warten darf, und deswegen hier gleich so beantworten will, wie ich sie diesem Freund beant-
wortete.

„Wie aber, wenn man einwendet: sey
„es darum, daß es manchmal dem Verkäu-
„fer fehl schlägt, sich schadlos zu halten, soll
„man um deswillen alle Auflagen auf Viktua-
„lien, die man zu Markt bringt, aufheben,
„wann zuweilen durch einen Zufall aus einer
„Konfumtionsauflage eine Produktionauffla-
„ge wird? „

Nein aufheben soll man sie deswegen nicht,
wann man sonsten nicht dazu veranlaffet wird;
aber

aber wann man nach genauer Prüfung aller Um= stände für das Wohl des Staats durchaus eine Konsumtionsauflage zuträglich befunden hat: so begehet man einen sehr großen Fehler, wann man die Auflage dannoch so einrichtet, daß in der Folge eine Produktionsauflage daraus wird. In diesem Falle muß man also entweder dergleichen Produkte frey lassen, oder die Erhebungsanstal= ten ändern.

„Aber nicht einmal das ist zu besorgen.
„Wenn die Auflage alle Verkäufer des damit
„beschwerten Artikels trift: so werden auch
„alle darauf denken, den Preiß ihrer Waare
„um so viel zu erhöhen, und es bleibt das
„nämliche Verhältniß, weil sie sich stillschwei=
„gend alle hierinn einverstehen, so wie sie alle
„die Auflage entrichten müßen. Die Konkur=
„renz trift diesen Punkt nicht. d. i. Der Preiß
„überhaupt kann steigen oder fallen, mit oder
„ohne eine Auflage, und diese wird beym hö=
„hern wie beym geringern Preiß allemal dar=
„auf geschlagen. Z. E. Das Pfund Schmalz
„soll im Anfang eines Marktes 14 kr. gelten,
„durch die Konkurrenz der Verkäufer fällt
„es endlich auf 11 kr.; so würde es, wenn
„wir nun eine Auflage dazu annehmen, an
„dem

„den nämlichen Tag zuerst etwa 15 kr, und
„hernach 12 gegolten haben, um des allge=
„meinen Einverständnisses der Verkäufer wil=
„len, sich durch den Preiß an der Accise zu er=
„holen. Was hat nun denen, die am Ende
„verkauft haben geschadet? Die Accise? nein,
„die hat doch der Käufer bezahlen müssen;
„sondern blos die Konkurrenz. —„

Um Verzeihung, liebster Freund! ich zweifle
sehr daran, und glaube vielmehr, daß der Preiß
immer nur 14 und 11 betragen, der 1 kr. Aufla=
ge aber den Hervorbringer des Produkts allein be=
lästiget haben würde. — Ich will mich hierüber
deutlicher erklären. Einen stillschweigenden Ver=
trag der Verkäufer unter sich, durch eine Propor=
tionirte Preißerhöhung die Auflage auf die Käu=
fer zu wälzen, kann ich mir nicht einwenden las=
sen, oder ich setze diesem Vertrag eine stillschwei=
gende Verbindung der Käufer entgegen, die Pro=
dukte durchaus in keinem erhöhten Preiße einzu=
kaufen, und gleich ist jener ohne Wirkung und
alles im vorigen Stand. Jede Klasse, sowohl
Käufer, als Verkäufer kommen mit der Gesin=
nung auf den Markt, die Waaren so wohlfeil ein=
zukaufen, und so theuer zu verkaufen, als es nur
immer möglich ist, sie seyen nun mit Abgaben

C   belegt

belegt oder nicht. Nicht Willkühr, sondern Zufall entscheiden diesen Streit. Ein Verkäufer, welcher nicht
Klugheit genug besitzt eine wahrscheinliche Preis-
seherhöhung voraus zu sehen, oder der durch Geld-
mangel und pressante Zahlungen genöthiget wird,
sein Produkt je eher je lieber zu versilbern, muß
sich geringe Preise gefallen lassen, wann sein Nach-
l r schon mittlerweile bessere abwarten kann.
Eben so muß der Käufer, der die Waare sehr
nothwendig braucht, einkaufen, wie die Verkäufer abgeben wollen, wo hingegen jeder, der noch
Vorrath hat, und sich neuen Vorrath auf einmal
anschaffen kann, nur einkauft, wann er Vortheil
dabey siehet.

Ein ganz anderes ist es, wann die Landleute
mit dem Verkauf ihrer Produkte, weder durch
obrigkeitlichen Zwang, noch durch die Entlegen-
heit anderer Städte an einen Marktplatz gebun-
den sind; sondern unter mehreren die freye Wahl
haben. In diesem Fall werden sie eine Stadt,
deren Besuchung mit Imposten beschwehret ist,
bald verlassen, und ihre Produkte dahin bringen,
wo sie keine so hohe Auflagen bezahlen dürfen.
Die Einwohner leiden also Mangel, oder sie
müssen die Verkäufer durch einen höhern Kaufspreiß entschädigen. — Dieses ist der Fall, welcher

cher eine Abnahm von der Regel macht. —
Drum operirt der Finanzminister im Grunde
zwar nach allgemeinen Wahrheiten; er muß aber
in der Anwendung alle Nebenumstände sorgfältig
beherzigen; und sein Terrain sehr genau kennen,
wann er nicht jeden Augenblick Fehler begehen
will. Eben deswegen ist es auch leichter einen
an sich guten Plan zu entwerfen, als ihn einem
besondern Lande anzupassen. Wer also Vor-
schläge ausführen will, wie sie da stehen, der
wird vielleicht in allen politischen und Kammeral-
schriften zusammen nichts brauchbares finden,
wann auch schon ziemlich viel gutes darinnen
steckt.

§. 16.

Sie muß so eingerichtet werden, daß sie wo
möglich, ganz in die Kassen des Staats fließt,
und nicht ein großer Theil davon unterwegs
verlohren gehen kann.

Billig sollte jede Auflage ganz in die Kaß-
sen des Staats fließen und gar nichts unterwegs davon verlohren gehen; oder zum
wenigsten sollte man ohne äußersten Nothfall keine Abgabe einführen, welche dieser guten Eigenschaft nicht fähig ist.

Die

Die nothwendigen Ausgaben des Staats müssen auf gemeine Kosten bestritten werden, und wann eine Auflage dazu nicht hinreichend ist: so muß man das Volk mit mehrern beschweren. Was also von der Auflage sich in Nebenkanäle verliehrt, und nicht in die öffentliche Kassen kommt, erreichet seine Bestimmung nicht, und muß von den Bürgern wiederum ersetzet werden. Hat aber der Regent die Macht nicht, die Unterthanen zu Ergänzung der geschmälerten Landeseinkünfte anzuhalten: so wird er den Abgang doppelt empfinden. In beeden Fällen ist also dem Staat und dem Regenten unendlich viel daran gelegen, alle Abwege, wodurch ein Theil der Auflagen des Volkes für die öffentliche Kassen verlohren gehen kann, sorgfältig zu verstopfen.

Alle Einnehmer des Staats sind durch körperliche Eide verpflichtet, die öffentliche Einkünfte treulich zu verwalten. Ehedessen mag dieses Hülfsmittel seinen guten Nutzen gehabt haben, unserm erleuchteten Jahrhunderte aber, da man gelernet hat, sich über alles, was man unter dem ausgebreiteten Namen Vorurtheil der Erziehung nur immer denken kann und mag, hinwegzusetzen, ist es gar nicht mehr angemessen; und unsere beste Kameralanstalten sind, leider!

noch

noch so mangelhaft, daß man sicher vermuthen
kann, ein Rechnungsführer, welcher bey der Ab-
hör seiner Rechnung viel nachzahlen muß, verste-
he entweder sein Handwerk nicht, oder er müsse
so übel gewirthschaftet haben, daß dem Staat
sechsmal mehr Schaden zugefüget worden seye,
als er nach genauer und legaler Untersuchung zu
ersetzen angehalten werden kann. — Wann doch
unsere Landesväter einsehen lernen möchten, wie
viel es hier auf eine sorgfältige Auswahl und hinlänglichen Unterhalt ihrer Diener ankommt!

Je sicherer der Grund ist, worauf eine Abgabe ruhet; je weniger sich solche nach Zufällen
richtet, und je seltner sie sich verändert, desto
genauer kann man ihren Betrag erforschen; und
desto eher den Mißbräuchen vorbeugen. Noch
hat zwar Menschenwitz keine Einrichtung erfun-
den, welche zureichend wäre, die Einkünfte des
Staats gegen alle und jede Eingriffe untreuer
Verwalter zu schützen; es ist aber doch nicht zu
läugnen, daß auch in diesem Anbetracht verschiedene Arten der Auflagen gewaltig von einander
unterschieden sind. Manche beruhen fast einzig
und allein auf der Redlichkeit ihrer Einnehmer,
und bey andern hingegen ist jede Untreue mit
unendlichen Schwürigkeiten verbunden. Zu je-

C 3   ner

ner Klasse gehören die meisten Consumtionsauflagen, zu dieser aber vorzüglich die auf unbeweglichen Gütern haftende unbeständige Gefälle.

Ob es möglich seye, solche Kontrollanstalten zu treffen, welche die Staatseinkünfte gegen alle heimliche Beschädungen hinlänglich schützen mögen, ist noch vielem Zweifel unterworfen, so sehr man sich auch in unsern Tagen bestrebt, sie ihrer Vollkommenheit näher zu bringen. So lange den Rechnungsbeamten ein gewisser Grad von Allwissenheit mangelt — wird er ihnen nicht ewig mangeln? — und so lange sie also durch erdichtete Belege und Bescheinigungen hintergangen werden können; so lange werden auch ihre besten Anstalten noch unvollkommen bleiben. Und je künstlicher das Rechnungswerk eingerichtet ist, desto mehr Arbeit, ein desto größeres Personale, und um so größern Aufwand erfordert es auch. Man wird aber dannoch einen ganz unverzeihlichen Fehler begehen, wann man im Gegentheile durch zu große Unthätigkeit, und durch ein unbeschränktes Vertrauen auf die Redlichkeit der Rechnungsbeamten selbige großen Versuchungen aussetzt, welche bisweilen auch den sonst ehrlichen Mann, wie ein gewaltiger Strohm, dahin reissen, oder doch innerlich solche Lagen versetzen

können,

konnen, die ihn in größten Verdacht der Untreue
bringt, wann er auch vielleicht im Grund ein
ganz reines Gewissen hat.

§. 17.

Sie muß auf einem sichern Grunde ruhen,
damit die Quellen der Einnahmen nicht
leicht versiegen können.

Als eine wesentliche gute Eigenschaft der Auflagen müssen wir noch anführen, daß sie auf einem sichern Grunde ruhen sollen, so daß
die Quellen der Einnahmen des Staats nicht
leicht versiegen können.

Im vorhergehenden §. ist schon im Vorbeygehen berühret worden, daß Abgaben, welche einen
sichern Grund haben, nicht so häufig, wie andere, sich in Nebenkanäle verliehren, sondern viel
eher geradezu in die Kassen des Staats geleitet
werden können.   Dieser Vortheil ist zwar schon sehr
ansehnlich, dem Staat ist aber dadurch noch
nicht hinlänglich gerathen; sondern auch zwar sehr
daran gelegen, daß die Quelle seiner Einnahmen
nicht plötzlich versiegen könne.   Wann z. B. die
amerikanischen Weiber sich verschwören, keinen
Thee mehr zu trinken: so verliehrt England

plötzlich seine ganze Einnahme, welche die Waar taxe gewähren sollte. — Und was für unermeß lichen Nachtheil muß es einem Staat bringen, wann er auch nur einen großen Theil seiner Ein nahmen unvermuthet verliehrt? gesetzt auch, daß bald wiederum andere Quellen dafür ausfündig ge macht werden!

Diese Wahrheit ist zu evident, als daß man mit gutem Gewissen viele unnöthige Beweise da von aufhäufen, oder lange darüber deklamiren könnte. Wir wollen also weiter gehen, und nun auch jene guten Eigenschaften der Auflagen er wägen, welche oben (§. 7.) zufällig geord net wurden.

§. 18.
Sehr vortheilhaft ist es, wann durch die
Auflage auch Fremde vorzüglich mit be
steuret werden können.

Sehr vortheilhaft ist es, wann durch eine öf fentliche Auflage die Fremden, welche sich ent weder eine Zeit lang im Staat aufhalten, oder nur durchreisen, vorzüglich mit besteuret wer den können.

Alles

Alles, was der Staat von seinen Nachbarn an sich bringen kann, ist für seine Einwohner klarer Profit; nur muß man die Sache so einzuleiten wissen, daß der Vortheil nicht etwa nur eine kurze Zeit daure, und sodann einen ungleich größern Nachtheil nach sich ziehe. So kann man z. B. von Fremden, welche ihre Waaren entweder im Staat verkaufen oder nur durchführen wollen, sehr beträchtliche Zölle und andere Abgaben erheben, dadurch aber seine Handlung selbst zu Grund richten, wann man durch deren Uebermaß die Kaufleute nöthigt, bey Versendung ihrer Waaren einen andern Weg zu wählen. Dieses Mittels darf man sich also nur in solchen Fällen bedienen, wo die benachbarte Nation unsere Wasser- und Landstrassen ohnmöglich vermeiden kann; im entgegensetzten Fall aber wird derjenige Staat immer den größern Nutzen von fremden ziehen, welcher die billigsten Abgaben von den durchgehenden Waaren erhebt.

Wo die unentbehrlichsten Bedürfnisse mit Konsumtionsauflagen beschweret sind, muß freylich auch der Reisende, nach dem Maaß seiner Konsumtion, mit kontribuiren, und er wird seinen Antheil unmerklicher, und also auch um so williger beytragen, wann er unter dem Waarenpreiß mit

begriffen

begriffen ist, als wann er ihn auf der Zollstatt bezahlen muß. Wann aber diese Konsumtions auflagen durch ihr Uebermaas eine merkliche Theurung der Lebensmittel verursachen: so können sie mit den erhöheten Zöllen, Mauthen ꝛc auf die Handlung gleich nachtheilige Folgen haben.

In den (kleinern) Territorien des fränkischen und theils auch des schwäbischen Kreises hat man noch eine besondere Methode die Unterthanen angränzender, oder im Lande selbst begüterter Herrschaften mit Abgaben zu belegen. Wann solche nämlich eigene des Landesherrn Steuerbarkeit unterworfene Grundstücke besitzen; so müssen sie nicht nur mit den eigenen Unterthanen gleiche Last tragen; sondern man legt ihnen wohl noch eine höhere Steuer auf, und läßet sie auch bey deren Wiederverkauf vom ganzen Kaufschilling die Nachsteuer entrichten. Da nun die Inngesessene und Angränzer dergleichen Grundstücke nicht wohl entbehren können: so muß die Last einen ziemlich hohen Grad erreichen, ehe sie sich dadurch von deren Ankauf abhalten lassen; und höchst billig ist es auch, daß nicht nur die eigene Unterthanen einen Vorzug vor den Fremden genießen; sondern auch durch diese

n. Jäg.d　　　D　　　　　erhöhete

erhöhete Gütersteuern und Abzugsgelder der Landesherr für die dadurch geschwächte Viehefahr-
niffe und Gewerbsteuern, und andere dergleichen
Gefälle einen Ersatz erhalte. Wann aber dagegen ein großer Theil der eigenen Unterthanen
wiederum genöthiget ist, andere einer angränzen-
den Herrschaft unterworfene Feldgüter zu erkaufen und anzubauen, und diese eine gegenseitige
Erhöhung der Anlagen beobachten kann: so fället im Grunde öfters die ganze Last hinwieder auf
die eigene Unterthanen zurücke, und man gewinnt
dadurch wenig oder nichts. — Um also den eingeführten Kontributionsfuß eines Landes gründlich
beurtheilen, oder wohl gar verbessern zu können,
muß man erst mit der ganzen Beschaffenheit, Lage, Stärke und Schwäche des Landes in allen
seinen Theilen auf das genaueste bekannt seyn.

§. 19.

Vortheilhaft ist es, wenn die Auflagen in
sehr kleinen Theilen, und also fast unmerklich bezahlt werden können.

Eine nicht weniger schätzbare Eigenschaft einer Auflage ist es ferner, wann sie in sehr
kleinen Theilen, oder fast gar unmerklich
entrichtet werden kann. Aus
von

Aus diesem Grund empfehlen von der Lith und Genovesi die Konsumtionsaccise so sehr, weil der Verkäufer die Auflage zwar in größern Summen, aber nur vorschußweise, und von dem Gelde der Käufer bezahlt; diese hingegen ihren Antheil gleich unter dem Kaufschillinge in sehr kleinen Theilen, und ohne beynahe selbst zu wissen, daß sie besteuret werden, abreichen. Gewiß ist es, was der Unterthan seiner Herrschaft abgeben muß, kommt ihn sehr hart an, weil er öfters glaubt, daß man ihn zu einer unbilligen Abgabe zwinge, und diese Gelder nicht stets ihrem Endzweck gemäß verwende, welches er auch zu glauben bisweilen wirklich veranlasset wird. Wann er aber seine Auflage unter dem Waarenpreiß bezahlt, so fällt sie ihm nicht so sehr in die Augen, und er murret weniger, ob er gleich wünscht, die Waaren wohlfeiler erhalten zu können.

§. 20.

Vortheilhaft ist es ferner, wann man die Auflagen von Gütern erheben kann, welche der Eigenthümer noch nicht in seiner Gewalt hat.

Wann man die Auflage von Gütern erheben kann, welche der künftige Eigenthümer noch

noch nicht ganz in seinem Besitz und in seiner völligen Gewalt hat: so hat man viel gewonnen.

Ausgenommen, daß der Unterthan den zu öffentlichen Abgaben bestimmten Antheil seiner Güter zu keinem andern Gebrauch verwenden kann, bestehet auf seiner Seite der ganze Unterschied in der Einbildung. Man weis aber wohl, was die Einbildung für eine unumschränkte Macht über den Menschen hat, und siehet täglich, wie leicht die Zehnden von den Feldfrüchten gegen andern im Grunde oft noch vortheilhaftern Abgaben erhoben werden können, weil der Landmann die Produkte, wovon sie genommen werden, noch nicht ganz in seiner Gewalt und Besitz hat, ehe sie sich in seiner Scheure befinden. Wann man seine Feldfrüchte bereits in Geld verwandelt hat, und alsdann erst einen Theil von diesem an die Kasse des Staats abgeben muß: so wird man sehr handgreiflich überzeugt, daß man etwas von seinem Eigenthum abgiebt, welches man oft sehr gern zu hundert andern Absichten verwenden möchte; so lange aber die Früchte noch auf dem Felde stehen, ist man bis auf den letzten Tag noch nicht sicher, ob nicht Hagel und andere Unfälle, wo nicht alles, doch einen großen Theil davon verderben.

§. 21.

§. 21.

Gut ist es, wann bey den Auflagen keine
Reste entstehen können.

Auflagen, bey welchen keine Reste ent=
stehen können haben einen großen Vorzug vor
ändern. Wer das unseelige Geschäft weitläufti=
ger Restautenberechnungen und der Eintreibung
der Rückstände mit militarischer Exekution aus
Erfahrung kennet, wird das Schätzbare dieser
Eigenschaft ohne nähere Beschreibung lebhaft ge=
nug einsehen.

§. 22.

Ein Kennzeichen guter Auflagen ist, wann
sie sich möglichst gleich bleiben, und nicht
oft abändern.

Daß eine sich möglichst gleich bleibende
vor einer sehr wandelbaren Auflage in den Augen
des Volkes viel schätzbares habe, hat der Frey=
herr von Bielefeld in seinem Lehrbegriff der
Staatskunst schon angemerkt. Es ist auch nicht
ohne Grund. Dann wann der Unterthan bey
Entrichtung seiner Abgaben oft unvermuthet we=
niger geben darf, als er sich vorstellte: so hat
er zwar eine wahre Freude und betrachtet den

Ueber=

Ueberrest als gefundenes Geld, wendet es aber
nicht allezeit so an, wie es seine häuslichen Umstände eigentlich erforderten: muß er hingegen
mehr geben, als er anfänglich dachte: so deran-
gieret dieses seinen ganzen Haushaltungsplan,
und die Auflage wird ihm doppelt schwer. Auch
benimmt eine sich fast immer gleich bleibende
Auflage gewissenlosen Einnehmern manche Gelegenheit, den Unterthanen zu übernehmen, weil
er zu gut weis, was er zu bezahlen schuldig ist.

§. 23.

Noch eine gute Eigenschaft ist es, wann bey
ihnen einzelne Nachlässe vermieden werden können.

Die letzte gute Eigenschaft, welche ich an den
öffentlichen Abgaben bemerket habe, ist, wann
bey ihnen einzelne Nachlässe und Moderationen, wo nicht ganz vermieden werden
können, doch nur selten Statt haben.

Die Nachlässe, welche von manchen Gattungen der Auflagen durchaus unzertrennlich sind,
fallen entweder der landesfürstlichen Kammer,
oder den übrigen Unterthanen zur Last, wann
nämlich von diesen der Ersatz dafür neben ihren eigenen

nen Abgaben bezogen wird, wie z. B. in dem
Fürstenthum Brandenburg = Kulmbach mit=
tels des sogenannten Drüberschlags geschiehet.
In jenem Fall derangieren sie den Kammeralplan
gar sehr; und werden dannoch gemeiniglich so
sparsam ertheilet, daß sie den Begnadigten nur
eine sehr geringe, oder wohl fast gar keine Er=
leichterung verschaffen. — Und doch überzeugt
uns eine nur mittelmäßige Aufmerksamkeit gar
bald, daß es auf den Unterthan einen viel widri=
gern Eindruck mache, wann man ihm zur Zeit
der Noth keinen verhältnißmäßigen Nachlaß sei=
ner Abgaben schenkt, als wann man zur Zeit des
Wohlstandes seine Auflagen vermehret. — In
dem letztern Falle aber verfällt man nicht selten
in den entgegengesetzten Fehler, und wird auf
Kosten der übrigen Unterthanen, bey welchen
dann diese Erhebung des Ersatzes für die Nach=
lässe alle Unbequemlichkeiten wandelbarer und
steigender Auflagen erzeugt, zu freygebig.

Zwey=

Zweyter Abschnitt.

D

G.

§. 24.

Nachtheile der perſönlichen Auflagen überhaupt.

Da, wie ſchon in der Einleitung (§. 3.) an=
genommen wurde, die perſönlichen, als älteſten
Auflagen, ihren guten Grund in der Gleichheit
der Bürger und ihrer Genieſſungsrechte hätten:
ſo folgt hieraus der natürliche Schluß, daß ſie
einem Staate um ſo weniger angemeſſen, und alſo
auch um ſo weniger nützlich ſeyn können, je wei=
ter ſich deſſen Glieder von ihrer urſprünglichen
Gleichheit entfernet haben. Und wir glauben
uns desfalls um ſo weniger geirret zu haben,
als ſich die Wahrheit dieſes Satzes bey der nä=
hern Betrachtung der einzelnen Arten perſönlicher
Auflagen immer mehr beſtättiget.

Wann man faſt alle perſonalauflagen mit
den im vorigen Abſchnitt angezeigten Merkmalen
nützlicher Auflagen vergleicht; ſo wird man an
ihnen wo nicht alle, doch die meiſten ver=
miſſen.

Es

Es ist unendlich beschwerlich, wo nicht ganz
unmöglich eine persönliche Auflage so einzurichten, daß sie eine wesentliche Gleichheit unter
den Staatsbürgern beobachtet, weil es unmöglich ist, das wahre Vermögen und die eigentlichen Kräfte jedes Individuums für sich, und im
Verhältniß gegen andere Bürger genau zu erforschen; und weil es eben so bedenklich und mißlich ist,
jeden Bürger sich selbst schätzen zu lassen. —
Wir wollen uns unten bey der Vermögensteuer
insbesondere über diesen Punkt noch bestimmter
erklären, und vermeiden also billig unnöthige
Wiederholungen. —

Die Bevölkerung leidet besonders viel von
den persönlichen Auflagen, weil sich fast alle Arten derselben mit der Verheyrathung der Bürger
und mit der Menge ihrer Kinder vermehren. *

Die Erhebung der persönlichen Auflagen
erfordert, um so mehrere Staatsbedienten, und
wird um so beschwerlicher und kostbarer, je mehr
sie

* In Dänemark werden sogar die sich ver-
heyrathende Mannspersonen mit einer besondern Auflage beschweret, doch sind davon die
Bauern, Matrosen und Soldaten ausgenommen.

sie von dem Begriff der eigentlichen Kopfsteuer abweichen, und je näher sie dem Vermögen der Bürger, und ihren Geniessungsrechten angemessen seyn sollen. Doch giebt es allerdings auch persönliche Auflagen; welche leicht und mit wenigen Kosten eingebracht werden können; andere damit verbundene Unbequemlichkeiten, und nachtheilige Folgen aber werden diesen Vortheil bald überwiegen.

Daß alle persönliche Auflagen mit dem relativen Geld und Waarenpreiß niemal in einem genauen Verhältniß stehen können, wird man fast als eine entschiedene und recht evidente Wahrheit ohne weitern Beweis voraussetzen können.

Persönliche Auflagen, welche mehr Kopfsteuern als Vermögenssteuern sind, werden zwar allerdings den Fleiß der Bürger mehr befördern, als unterdrücken; weil diese die Früchte ihres Fleißes ganz für sich einerndten, und wegen ihres mehrern Verdienstes und größern Vermögens nicht mehr an den Staat abgeben dürfen. Wir haben aber auch viele Arten persönlicher Auflagen, welche dem Begriff von Vermögenssteuern näher kommen, als dem Begriff von Kopfsteuern, und welche jenen ganz entge-

gen

gengesetzte Wirkungen haben: und also darf man
die Beförderung oder Unterdrückung des Fleisses
weder unter die nützlichen noch schädlichen Folgen der persönlichen Auflagen rechnen, so lange
von ihnen überhaupt und nicht von einzelnen Arten derselben die Rede ist.

Die Betrachtung einzelner Arten persönlicher
Auflagen wird uns übrigens auch lehren, daß sie
auf keinem recht sichern Grunde ruhen; daß bey
den wenigsten derselben dem Abfluß in Nebenkanäle, welche nicht in die Kassen des Staats
fließen, recht vorgebeuget werden könne; und
daß fast kein einziger von jenen weitern Vorthei-
len bey ihnen statt finde, welche vom §. 17 bis 22.
des vorigen Abschnitts namhaft gemacht wurden.

§. 15.

Vortheile der persönlichen Auflagen.

Indessen kann man doch den persönlichen
Auflagen überhaupt die zween wesentliche Vortheile nicht absprechen, daß sie der Handlung weniger nachtheilig sind, als die Produktions- und
Konsumtionsauflagen, und daß sie gerade dem
zur Last fallen, welchen man dadurch zu besteuern

die

die Abſicht hat. Denn wann die Erhebung der
Konſumtions = und Produktionsauflagen die Er-
zeugung, oder den Verbrauch der Handlungs-
waaren einſchränkt, oder die Unterſuchung der
eingehenden Waaren nothwendig macht, dadurch
aber wenigſtens viele Zeit raubt und den Transport erſchweret, wann ſie nicht gar Monopolien
erzeugt: ſo wird dagegen keine perſönliche Auflage, ſie ſey von welcher Art ſie wolle, den
Handel auf ſolche weiſe beläſtigen, ſondern denn-
ſelben eine vollkommene Freyheit verſtatten, weil der
Kaufmann nicht als Kaufmann, ſondern blos als
Bürger, entweder in Rückſicht ſeiner Perſon, oder
ſeines Vermögens beſteuret wird. Und wann ich die
Auflage von der Perſon, welche dadurch beſteuret
werden ſoll, ſelbſt erhebe: ſo kann ich auch verſichert
ſeyn, daß ich dadurch nur ſie ſelbſt und keine andere
beſchwere. ——

§. 26.
Sie ſind nur zu Nebenauflagen brauchbar.

Ob die eben angeführte Vortheile der perſönlichen Auflagen gegen ihre viele Unbequemlichkeiten in einige Betrachtung gezogen zu werden
verdienen, iſt nun freylich eine andere Frage. Wenigſtens möchte man nicht ſehr irren, wann man
daraus den Schluß macht, daß eine Auflage,

welche

welche so viele Nachtheile, und dagegen nur so
wenige Vortheile an sich hat, niemals fähig seyn
eine Universalauflage zu werden, sondern nur
alsdann zu Besteurung einiger einzelnen
Staatsbürger zu gebrauchen seyn möge, wann
man keine so vollkommene Universalauflage erfinden
kann, welche alle in einer gerechten Gleichheit besteuret. Wie z. B. in Dänemark die Kopfsteuer,
oder der Volk- und Familienschatz nur von solchen auf dem Lande wohnenden Personen erhoben
wird, welche keinen Ackerbau treiben, oder pri-
vilegirte Ländereyen besitzen.

§. 27.

Eintheilung der Personalauflagen in eigent-
liche und uneigentliche.

Wir wenden uns nun auch zu den verschiedenen Arten dieser Gattung und untersuchen, ob
diese vorausgeschickte Bemerkungen auch auf jede
derselben insbesondere angewendet werden können,
oder Abänderungen leiden, wo nicht gar unge-
gründet und unbrauchbar befunden werden.

Bey der nähern Betrachtung dieser einzelnen
Arten findet sich ein wesentlicher Unterschied unter ihnen: denn einige richten sich blos nach der

Person

Perſön der Bürger, andere aber richten zugleich
ihr Augenmerk auf ihr Vermögen, und Beſi-
zungen. Jene könnte man eigentliche; dieſe
aber uneigentliche Perſonalauflagen nennen.

§. 28.
Von der Kopfſteuer.

Unter den eigentlichen Perſonalauflagen ſtehet billig die Kopfſteuer, als die allereigent-
lichſte, oben an. Sie iſt eine Auflage, welche
blos auf die Anzahl der Einwohner, d. i. ihre
Häupter, ohne Rückſicht ihres Vermögens aus-
geſchlagen wird, mit dem alleinigen Unterſchied
ihres Alters, oder ihres Standes.

§. 29.
Unbrauchbarkeit derſelben.

Eine Auflage, welche blos nach der Anzahl
der Köpfe erhoben wird, ſetzt eine durchgängige
Gleichheit der Kontribuenten voraus, oder ſie iſt
eine unbillige und ſchädliche Auflage. Als Uni-
verſalauflage betrachtet, wird ſie alſo heut zu
Tag in keinem europäiſchen Staat ihre gerechte
Anwendung mehr finden. Dann wann man ſie
ſo mäßig einrichtet, daß ſie auch auf dem armen

Bürger

Bürger nicht ganz unerträglich fällt: so wird
ihr Ertrag gewiß nicht zu den Bedürfnissen des
Staats hinreichen; man wird also doch seine
Zuflucht zu noch andern Auflagen nehmen müss-
sen, und demohngeachtet eine Ungerechtigkeit begehen, wann man auch nur in einer Art öffentlicher Abgaben den Reichen und Armen gleich
hält. Die unächte Vervielfältigung der Auflagen streitet auch wider die Grundsätze einer gesunden
Politik. Je wenigere Arten von Auflagen in einem
Staat eingeführet sind; desto besser ist es für
den Regenten, und das Volk. Unter je mehrere
Titel die Einnahmen des Staats verstecket sind,
desto weniger wird sie der Finanzminister, oder
die Kammer übersehen, mit den Staatsbedürf-
nissen in ein richtiges Gleichgewicht setzen, Misbräuchen vorbauen, und das gerechte Verhältniß der Abgaben zu dem Vermögen der einzelnen
Bürger erhalten, oder wieder herstellen können.
Die Kontribuenten aber werden durch zu vielerley Namen irre gemacht, gegen die Regierung
mistrauisch, und den Behandlungen gewissenlo-
ser Finanzbedienten preiß gegeben, weil sie ihre
Schuldigkeiten nicht mehr genau berechnen können.

Als Nebenanlagen betrachtet, möchten aber
die Kopfsteuern durch weit nützlichere Auflagen

zu

zu erſetzen ſeyn, und mithin auch hier keine Rückſicht verdienen. Wir erklären uns nicht weiter
über dieſen Punkt; ſondern überlaſſen es dem
Leſer ſelbſten, in unſern folgenden Betrachtungen dieſe nützlichere Arten von Nebenanlagen zu
bemerken.

§. 30.

Fernere Nachtheile derſelben.

Wann ſich die Abgaben des Hausvaters mit
der Vergröſſerung ſeiner Familie an Kindern,
oder Geſind, vermehren; oder wann ſich die Laſt
des jungen Bürgers, ſo bald er ſich verheyra-
thet, und ſelbſt Hausvater wird, verdoppelt, wie
insgemein bey der Kopfſteuer zu geſchehen pflegt;
ſo wird gewiß die Bevölkerung nichts dabey gewinnen; ſondern vielmehr gehindert werden.

Dieſes iſt ein nicht geringer, aber auch nicht
der letzte Nachtheil dieſer Auflage. Sie iſt, ſo
ſehr man es auch anfänglich glauben möchte,
nichts weniger, als leicht, und ohne großen Aufwand zu erheben. Es gehören viele Diener das
zu, welche immerdar die richtige Anzahl des
ſteuerbaren Volkes erforſchen, ihre ſtündliche
Abänderungen bemerken, die Hebregiſter verän-

dern

dern, und darauf sehen, daß sich niemand dieser Auflage entziehe. Sie ruhet auf einem unsichern Grunde, der sich gar oft abändert, und man kann mithin auf ihren Ertrag niemals sichere Rechnung machen.

Daß ihrem Abfluß in Nebenkanäle, welche sich nicht in die Kassen des Staats ergießen, nicht wohl vorgebeuget werden könne, ist leicht einzusehen, weil derjenige, welcher die Rechnungen prüft, niemals von der wahren Anzahl der Kontribuenten sich recht überzeugen kann. Eine Nachzählung des Volkes anzustellen, ist nicht nur ein mühsames und kostbares Unternehmen; sondern sie würde auch oft nach einigem Zeitverlauf nicht mehr mit der hinlänglichen Akkuratesse bewerkstelliget werden können, weil man z. E. im Jahr 1780 nicht so leicht zuverlässig erforschen könnte, aus wie vielen Köpfen die Steuerbare Einwohner des Staats im Jahr 1770 bestünden. Auch ist nicht zu vergessen, daß man durch diese Auflage die Fremden nicht wohl besteuren, und die Entstehung vieler Reste nicht wohl verhindern kann. Und ist wohl bey dieser Abgabe ein richtiges Verhältniß zu dem relativen Geld- und Waarenpreiß möglich? —

§ 31.

§. 31.
Vortheile der Kopfſteuer.

Gleichwie aber nichts in der Welt iſt, das
nicht auch wenigſtens eine gute Seite hätte: ſo
kann man auch dieſer Auflage den Vortheil nicht
abſprechen, daß ſie der Handlung nicht ſchadet,
den Fleiß der Bürger nicht unterdrücket und zuſt
dem zur Laſt fällt, welcher durch ſie beſteuret
werden ſolle. Dieſe Vortheile ſind erheblich, aber
noch lange nicht hinreichend, um jenem Nachtheil
das Gleichgewicht zu halten.

§. 32.
Dreyerley Kopfſteuern des Herrn von Juſti.

Herr von Juſti, politiſchen Andenkens, hat
dreyerley Kopfſteuern vorgeſchlagen, wovon zwo
ordentliche Univerſalauflagen ſeyn, die dritte aber
nur in Nothfällen zu einer auſſerordentlichen Anlage gebraucht werden ſolle. Er will, daß man
entweder den Rang der Bürger, nach ihrem Vermögen und der Größe der Abgaben, welche ſie dem
Staat freywillig entrichten, beſtimmen, und alſo den
Ehrgeitz zur leichten Erhebung recht großer Auflagen benutzen; oder die Bürger nach ihren Nahrungsarten in verſchiedene Klaſſen eintheilen, und nach

Maaß-

Maaßgab ihres Verdienstes, oder Erwerbes, die Kopfsteuer, und mit dieser zugleich auch ihren Rang bestimmen; oder als eine außerordentliche Anlage in Nothfällen, alle Einwohner des Staats nach ihrem Stand und Würden, ohne genaue Rücksicht auf ihr Vermögen, höher oder geringer anlegen solle.

Diese Auflagen sind zwar keine eigentlichen Kopfsteuern, indeme die erstere auf dem Ehrgeiz der Bürger, die zwote auf ihrer Nahrungsart, und die dritte auf ihrem Stand und Würden ruhet: weil sie aber doch den Namen der Kopfsteuern führen; so mögen sie, auch gegen den Plan dieser Schrift, ihre Stelle hier behalten.

§. 33.

Prüfung der ersten dieser Kopfsteuern.

Es wäre freylich nicht übel, wann man die Eitelkeit und Thorheit der Menschen dazu brauchen könnte, freywillig recht beträchtliche Abgaben zu Bestreitung der Bedürfnisse des Staats von ihnen zu erhalten. Vortheilhaft für die Bürger wäre es, wann sie sich ihre Abgaben selbsten, nach Maaßgab ihrer ökonomischen Verfassung bestimmen könnten; und nichts weniger

als

als unbillig scheinet es zu seyn, wann man demjenigen, der mehr an der gemeinen Last trägt,
auch einen größern Vorzug vor dem, der weniger leistet, einraumt, besonders da Hr. von Justi
den Rang des Adels, der Geistlichen und Gelehrten überhaupt davon ausnimmt, und nicht mit
auf das Spiel setzt: ob aber die solchen Absichten gemäß eingerichtete erste Art der Kopfsteuer
so große Summen einbringen, und die Staatsbürger so sehr zum Fleiß, und zur Tugend ermuntern würde, als ihr Erfinder hoft, daran ist
sehr zu zweifeln.

Man wird vielleicht nicht sehr irren, wann
man annimmt, daß unter den Menschen immer
zween Drittheile geldgeizige, wollüstige und trä-
ge sind, welche gerne auf dem letzten Platz sitzen,
und das dadurch ersparte Geld zu Befriedigung
ihrer Habsucht, Wollust und Bequemlichkeit anwenden, besonders wann sie die Logen doch dem
Adel, der Geistlichkeit und den Gelehrten überlassen, und das Nobleparterre keiner bezahlen
müssen. Und ist nicht selbst die Hälfte der wirklich
Ehrgeizigen entweder von Geburt an schon außer
Stand eine vorzügliche Stelle zu bezahlen? oder
verlieren sie nicht öfter durch noch mehrere rühm-
süchtige Depensen bald unvermögend ihren Rang

tita-

titulo oneroso zu behaupten? Es sey also dem
Geist eines Justi überlassen, durch dieses Mittel die Kassen des Staats hinlänglich zu füllen,
und diese höchst ungewisse und gar keiner Berechnung fähige Einkünfte ohne sonderlichen Abgang
in jene Kassen zu leiten!

Gesetzt aber auch, daß man seine Absicht erreichen würde, und wirklich beträchtliche Summen auf solche Art erheben könnte; so würde
vielleicht der Ruin vieler Familien daraus erfolgen, und der Reiche, der geizig ist, würde sich
von allen öffentlichen Abgaben ganz frey machen,
und also nicht der Vermögliche; sondern der el-
teldenkende besteuret werden.

Diese Kopfsteuer würde endlich auch zwar
manchen zum Fleiß und gewissen bürgerlichen Tu-
genden; aber dagegen auch zu vielen morali-
schen Untugenden reizen, und allen äußerlichen
Rang in den Augen des denkenden Bürgers ganz
verächtlich machen, weil er nur durch Geld und
also auch öfters durch die schändlichsten Mittel
erlanget werden könnte.

§. 34.
Prüfung der zwoten dieser Kopfsteuern.

Die andere dieser Kopfsteuern, welche nach der
Nahrungsart der Bürger eingerichtet werden sol-

le,

ke, führt also den Namen Kopfsteuer sehr unrecht=
mäßiger Weise. Sie ist im Grunde nichts an=
ders als eine Gewerbsteuer, und wir werden also
ihre Vortheile und Nachtheile unter jenem Titel
erwägen. Daß Herr von Justi zugleich den
Rang der Besteuerten nach dem Betrag ihrer Ab=
gabe eingerichtet wissen will, ist die einzige Ei=
genschaft, wodurch sie sich von gemeinen Ge=
werbsteuern unterscheidet. Ihr Erfinder hoft
durch einen höhern Rang und äußerlichen Vor=
zug diejenigen wiederum zu entschädigen, welche
mehr bezahlen müßten, als andere; wogegen
aber aus den zu Ende des vorhergehenden §. be=
rührten Gründen beträchtliche Zweifel statt fin=
den dürften.

§. 35.

Unbrauchbarkeit der dritten Art dieser Kopfsteuern.

Die dritte dieser von Justischen Kopfsteuern
verdienet allerdings noch ungleich weniger Bey=
fall, als die vorigen, weil sie weniger Rücksicht
auf das Vermögen, als den Stand der Staats=
glieder nimmt, und also die gerechte Gleichheit
so offenbar verletzet. Sie soll nur in außeror=
dentlichen Nothfällen erhoben werden, und den

E   Vor=

Vornehmen höher besteuern als den Geringern.
Vermuthlich wird also nach des Herrn von Ju=
sti Absicht bey ihr keine Personalimmunität statt
finden dürfen.   Wir haben zwar oben (§. 2.)
selbst angenommen, daß die Geniessungsrechte
der Staatsglieder der billigste Maaßstab seyen,
wornach die öffentlichen Lasten unter sie verthei=
let werden können ; bekanntlich aber hat der Adel
nur einige wenige eigenthümliche Prärogative,
und alle übrige Geniessungsrechte können durch
Geld erlanget werden, hängen also auch bloß von
dem grössern oder geringern Vermögen ab.   Wie
kann man also eine billige Gleichheit beobachten,
wann man auf dieses kein vorzügliches Augen=
merk richtet ?

Man wird aber eine geflissentliche, offenbare
Ungerechtigkeit begehen, wann man vollends den
Vornehmen höher anlegt als den Geringern, oh=
ne seine Vermögensumstände zu beherzigen. Be=
kanntlich vermehren sich alle unsere Bedürfnisse
mit jedem Grad eines höhern Ranges ; der noch=
einmal so vornehme Mann ist also bey einem
gleichen Vermögen mit dem Geringern gerade
um die Hälfte ärmer, als dieser.   Soll man zur
Zeit der Noth die seinem Stand ohnehin anklebende
Last noch vermehren, oder wohl gar unerträglich ma=
chen ? Manche Garderobe und Equipage dürfte
durch

durch eine einzige solche Kopfsteuer gewaltig
Schaden leiden.

§. 36.

Herrn Döhlers Kopfsteuer.

Döhler * bedauret sehr, daß von Justi seinen Vorschlag, die Unterthanen in gewisse Klassen zu theilen, und nach Beschaffenheit ihrer Umstände anzulegen, nicht näher entdeckt, und aus-
geführt habe, und macht daher einen Versuch,
wie eine Kopfsteuer in einem deutschen Staate,
in welchem schon genug andere Abgaben gebräuchlich sind, noch nebenbey am billigsten, gleichesten
und nützlichsten eingerichtet werden könnte. Dieser Versuch bestehet in einem speciellen Tarif, was
die Bürger und Einwohner durch alle Gattungen,
(mit alleiniger Ausnahm des Adels und der
Staatsbedienten) ihre Weiber, Kinder und Ge-
sinde jährlich geben sollen. Er theilet die steuerbaren Einwohner in 6 Klassen, als Kapitalisten,
Kaufleute, Künstler, und Handwerker, unbeweg-
liche Güterbesitzer, geringere Bauern, und endlich solche, welche keine eigene Wohnungen besitzen, und vom Taglohn, Handarbeit, oder auch
Almosen leben. Die in beeden erstern Klassen

E 2 sind

* In seiner Abhandlung von Domainen,
Kontributionen ꝛc. (Nürnb. bey Schwarz-
kopf 1775.) S. 134.

sind in Ansehung der Kopfsteuer einander gleich,
die dritte Klasse zahlt ungefähr um die Hälfte,
die vierte um zweey Drittheile, die fünfte um
fünf Sechstheile, die sechste Klasse um vierzehn
Fünfzehntheile weniger, die siebente Klasse aber
enthält die Befreyeten. Zwar ist seine vorge-
schlagene Abgabe nicht sehr beträchtlich, dagegen
aber will er sie auch nur als eine Nebensteuer mit
eingeschoben wissen, ohne zu untersuchen, ob die
übrigen hergebrachten Auflagen bereits zu hoch
oder zu geringe sind. Und eine solche Art Kopfsteuer hält er um deswillen für eine von den besten
aller Auflagen, weil die Regierung dadurch genaue Nachricht von der Anzahl ihrer Unterthanen erhalten könne, welche ihr zu vielen Absichten sehr nöthig und nützlich seye. Aber
welcher weise und billig denkende Fürst wird seine Unterthanen ohne Noth mit einer neuen Auflage beschweren wollen? Und würde im Nothfall nicht in den meisten Ländern unsers deutschen
Vaterlandes eine proportionirte Erhöhung der
schon gewöhnlichen Auflagen mit Beobachtung
einer wesentlichern Gleichheit beobachtet werden
können, als diese Kopfsteuer? — Die besondere Besteurung der Weiber, Kinder und des Ge-
sindes, muß allemal der Bevölkerung und dem
Fleiß der Einwohner, obgleich nur unvermerkt,

sehr

sehr nachtheilig werden, und schmeckt in gewisser Maaß immer ein wenig nach Barbarey, die Auflage sey so gering, als sie wolle.

Herr Döhler erinnert sich zwar selbsten ganz wohl, daß die deutschen Reichsgesetze keine neue Auflage einzuführen gestatten; weil man aber doch — welch ein Schluß! — dem Landesherrn nicht verwehren könne, die Anzahl seiner Unterthanen, ihr Gewerb, Nahrungs= und Lebensart zu wissen; so müsse man ihm auch die Mittel zu dieser Kenntniß zu gelangen, und — was ist wohl natürlicher? — mithin die Einführung einer billigen Kopfsteuer verstatten. Wirklich müsse die Verfassung eines Landes in Deutschland sehr fehlerhaft seyn, in welchem man nicht ohne Kopfsteuer, und ohne besondren Kostenaufwand, zu dieser Kenntniß der Unterthanen gelangen könnte. Und vielleicht würden diese Verzeichnisse viel zuverläßiger ausfallen, wann die Verschweigung einiger Personen, und die unrichtige Angabe ihres Gewerbes, weder dem Unterthanen, noch dem Schösser einigen Vortheil bringen kan, als wann das Seelenregister der Grund einer Kopfsteuer seyn solle.

§. 37.

Türkische Kopfsteuer.

Eine recht eigentliche Kopfsteuer erhebt die Ottomanische Pforte von den unter ihrem Schutz wohnenden Griechen. Jede Manns-person, so bald sie so groß ist, daß sie ihren Kopf nicht mehr durch ein gewisses Maaß ste-cken kann, welches die Einwohner stets bey sich führen, muß alle Jahre zu Anfang des Beirams-festes 1½ Dukaten Kopfgeld erlegen, und er-hält dagegen einen Schein. Von dieser Abgabe ist auch der Bettler nicht frey. Man hat öftere Beyspiele, daß solche arme Personen so lange in das Gefängniß geworfen werden, bis sich andere ihrer erbarmen, und das Kopfgeld für sie be-zahlen.

Die große Unbilligkeit und übrige nachtheili-ge Folgen dieser Auflage sind zu auffallend, als daß man sich bey ihrer nähern Entwickelung lan-ge aufhalten sollte. Sie sey nur als ein Beyspiel einer sehr unbrauchbaren Art persönlicher Auflagen im Vorbeygehen hier angeführt.

§. 38.

§. 38.

Rußiſche, Pohlniſche und andere Kopfſteuern.

Rußland erhebt auch eine Kopfſteuer von ſeinen Unterthanen, welche alle Perſonen männlichen Geſchlechts, und auch ſo gar die kleinſten Kinder entrichten müſſen. Die Bürger ſind unter ihnen am ſtärkſten angelegt; die Völker im Kaſaniſchen Gebiet zahlen um $\frac{1}{12}$ und die Bauern der Edelleute um $\frac{5}{12}$ weniger an die Krone.

Die Zählung des Volkes, worauf ſich die Erhebung dieſer Auflage gründet, wird öfters nur in 15 bis 20 Jahren wiederholet, und in dieſer Zwiſchenzeit muß jede Gemeinde für die bey der letzten Reviſion gehabte Anzahl Mannsperſonen das Kopfgeld alle Jahre bezahlen, ſie mag ſich nun vermehren, oder vermindern. Die Gemeinden haben alſo dabey den Vortheil, wann ſie wollen, unter ſich eine billigere Vertheilung ihrer Anlage treffen zu können. Dieſe Auflage ſoll aber, nach Herrn D. Büſchings Bericht, in Rußland ſehr ſtarke Reſte erzeugen.

Sie iſt ein Ueberbleibſel der vormalig üblen Verfaſſung des ruſſiſchen Reichs, welcher der-

malen

malen unter der weisen Regierung seiner **großen**
Kaiserinn der Vollkommenheit mit. so **starken**
Schritten entgegen eilt. Ohne allen Zweifel wird
also auch diese nachtheilige Auflage bald einer viel
nützlichern weichen müssen.

Im **Kirchenstaate** ist sie ebenfalls eingeführt.
Mit patriotischem Vergnügen ersehe ich aber aus
öffentlichen Nachrichten, daß die päpstliche Kammer wirklich an ihrer Aufhebung arbeite.

Pohlen möchte vielleicht seine allgemeine
Kopfsteuer noch länger beybehalten: daß aber in
Frankreich, ja so gar in einigen Provinzen der
vereinigten **Niederlande**, und selbst in eini-
gen Gegenden **Deutschlandes**, wie z. B. im
Erzstift **Trier**, und der Stadt **Hamburg**, noch
Kopfgelder erhoben werden, darüber muß man
sich mehr wundern.

§. 39.
Steuern von Dienstbothen.

In manchen Ländern, welche keine Kopfsteuern kennen, wurden doch schon bisweilen
Steuern von Dienstbothen erhoben. * Selbst
unser deutsches Vaterland, und sogar der schwä-
bische Kreiß, welcher doch von willkührlichen,

neuen,

* In den vereinigten **Niederlanden** sind
sie noch gewöhnlich.

neuen, ungewöhnlichen und schädlichen Auflagen
vor andern verschont blieb, war doch von dieser
Auflage nicht immer frey; besonders in jenen
Zeiten nicht, als uns die türkischen Roßschwei=
fe — unsere Nachkommen werden darüber la=
chen — so fürchterlich waren, daß man sie in
das allgemeine Kirchengebeth einzuschließen Ur=
sache fand.

Der so fruchtbare Menschenwitz erfand zwey=
erley Arten dieser Steuer: entweder wurde sie
von den Einwohnern, welche Dienstbothen hiel=
ten, erhoben; oder man ließ, vielleicht weil jene
schon mit fast unerträglichen Abgaben beladen
waren, die Dienstbothen selbst ihren Lohn mit 4
bis 5 vom Hundert versteuern.

Wann diese Abgabe nicht unerschwinglich seyn
soll: so kann sie keine große Summe einbringen,
besonders, wann der Staat nicht sehr groß ist.

Erhebt man sie von den Herren der Dienstbo=
then: so wird der wenig vermögliche, der aber
zu seinem Gewerb nothwendig mehrere Leute un=
terhalten muß, gegen den Wucherer, der von
Zinsen lebt und seine Haushaltung sehr genau
einschränken kann, offenbar zu hart gehalten,
und die wesentliche Gleichheit verletzet; Fabriken

und

und Manufakturen werden sehr stark mitgenom=
men, und der Fleiß wird also unterdrückt; der
Kaufmann schränkt die Zahl seiner Handlungs=
bedienten möglichst ein; und zu dem allen ist ihr
Ertrag sehr wandelbar und ungewiß, und ihre
Erhebung mancherley Mißbräuchen unterworfen.
Beziehet man sie aber von den Dienstbothen
selbst: so ist zu besorgen, daß sie stark auswan=
dern, und das Land von jungen arbeitsamen Leu=
ten entblöset werde, wann nicht der Lohn erhö=
het wird; wodurch aber die Last wiederum auf
diejenige Klasse zurückfällt, zu deren Erleichte=
rung man vielleicht diese Auflage einführen woll=
te. Ein einsichtsvoller und billig denkender Fi=
nanzminister wird also niemal zu diesem unvoll=
kommenen Mittel, die leeren Fächer der Staats=
kassen anzufüllen, seine Zuflucht nehmen.

§. 40.

Bedientensteuer.

Der Lord North in London, dem die
amerikanischen Ukrichen so viele Gelegenheiten
verschaffen, seine Stärke in der Finanzwissen=
schaft werkthätig zu zeigen, hat unlängst eine
Bedientensteuer zu Hülfe genommen. Jeder
Herr, welcher nicht zu seiner Nothdurft und Trei=

lung ſeines Gewerbes; ſondern zur Bequemlich⸗
keit und Pracht, Bedienten hält, muß für je⸗
den ſolchen geputzten Müſſiggänger jährlich
1 Guinee in die Kaſſen des Staats opfern.

Wänn man dieſe Nebenſteuer mit dem im
erſten Abſchnitte bemerkten Kennzeichen vorzügli⸗
cher Auflagen genau vergleicht: ſo wird man
freylich an ihr manche Unvollkommenheit bemer⸗
ken; ſie verdient aber, als eine in Nothfällen
angewandte Nebenſteuer, dem ohngeacht Bey⸗
fall, da ſie beſonders das Gepräg wahrer Billig⸗
keit führet. Iſt es nicht höchſt billig, daß, be⸗
ſonders in außerordentlichen Nothfällen auch jene
Klaſſe von Staatsgliedern einen Beytrag zu den
öffentlichen Bedürfniſſen leiſte, welche in vorigen
Zeiten ohngeachtet ihrer anſehnlichen Genieſſungs⸗
rechte, vielleicht ganz frey blieben? Die Aufla⸗
ge iſt ganz moderat: dann wer 20 bis 30 Gui⸗
neen auf die Unterhaltung eines Bedienten ver⸗
wenden kann, der kann auch ohne große Be⸗
ſchwerde noch eine Guinee an den Staat bezahlen;
und zu dem ſtehet es in eines jeden Macht, dieſe
ſeine Abgabe wo nicht ganz zu vermeiden, doch
wenigſtens zu vermindern, wann ſie ihm zu lä⸗
ſtig wird. Daß um dieſer billigen Auflage wil⸗
len viele Bedienten ihr Brod verliehren möchten,

ist nicht zu befürchten: und gesetzt auch; was
verliehrt der Staat dabey? Der verabschiedete
Bediente darf nur arbeiten, oder das angefochte-
ne Vaterland mit den Waffen vertheidigen, so
hat er wieder Brod, der Staat aber einen Müssiggänger weniger, und ein nützliches Glied
mehr — Es lebe Lord North!

§. 41.
Schuhsteuer.

Es giebt in allen Ländern eine Gattung Einwohner, welche keine Häuser und liegende Gründe besitzen, kein sonderliches Gewerb treiben,
nicht unter die Diener des Staats gerechnet werden,
und keine persönliche Befreyung von Abgaben
fordern können. Es sind größtentheils solche,
welche ihre besessene Güter andern abgetretten,
und sich zur Ruhe begeben haben; oder andere,
welche keine eigene Wohnhäuser vermögen, sondern zur Miethe sitzen und sich von ihrer täglichen Hände Arbeit nähren. Sind im Lande weniger, oder gar keine Konsumtionsauflagen eingeführt, und ist zumal der Territorialimpost die
hauptsächlichste, wo nicht gar die einzige Auflage: so würde diese ganze Klasse von Staatsgliedern unbesteurt bleiben. Ihre Beschätzung

ver-

verursachet aber doch dem Staat Kosten, und es
ist also billig, daß sie ebenfalls Abgaben entrichten, wann sie nicht ihr unvermögliches Alter bey
schlechten Vermögensumständen frey spricht. —
Man nennet sie meistentheils Schutzverwandte,
und ihre persönliche Auflage Schutzgeld.

Man hat zweyerley Arten Schutzgeld, ein
beständiges und ein unbeständiges. Jenes
heißt Schutzgeld im eigentlichen Verstand, dieses aber Schutzsteuer. Beyderley Arten werden entweder von den Familien nur überhaupt
erhoben; oder der Mann und das Weib werden
jedes besonders angelegt. Es scheinet allerdings
unbillig, daß man die Weiber besonders besteuret, da sie doch, auch bey weniger civilisirten
Nationen, sogar von dem Kopfgeld und andern
Abgaben frey sind. Der Mann muß sein Weib
ernähren; welches ihm nicht immer durch ihre
Arbeit den Aufwand ersetzt, warum soll er es
auch noch versteuren? Wittwen aber, welche
keine unbeweglichen Güter besitzen, und kein Gewerb treiben, sollen billig von Auflagen frey
seyn.

Die Schutzsteuer hat wirkliche Vorzüge vor
dem Schutzgelde, weil sie nach Maaßgab der
Staatsbedürfnisse, wie die übrigen dem Volke
auf-

aufgelegte Abgaben steigt und fällt. Wann ein
Theil des Volks höhere Abgaben entrichten muß:
so soll ihm auch der übrige Theil gleich gehalten
werden.

Eine Hauptregel bey den Schutzgeldern ist
wohl diese: Sie sollen so geringe seyn, daß sie
auch der Taglöhner ohne große Beschwerde entrichten kann. Der größte Theil der Schutzver-
wandten bestehet immerdar aus solchen; und
wohlhabende Leute gehören nicht zur Regel, sondern zur Ausnahme.

Es giebt zwar allerdings auch bisweilen
Schutzverwandte, welche ein beträchtliches Vermögen besitzen, und die gerechte Gleichheit erfordert also von diesem allerdings eine höhere Auflage: Diese reiche Schutzverwandte aber können
gar leicht durch andere Auflagen höher besteuret
werden. Entweder treiben sie ein Gewerb, oder
sie leben blos von Zinsen ihres Kapitals: in jenem Falle belege man sie mit einer besondern
Gewerbsteuer, in diesem aber lasse man sie doppelte oder dreyfache Schutzgelder entrichten. Ordentliche Vermögens- und Kapitaliensteuern haben ihre große Schwürigkeiten, die wir weiter
unten erwägen wollen; ob aber ein Einwohner,
ohne Gewerb zu treiben, oder um den Lohn an-

dern

dern zu arbeiten, blos von erworbenem Vermögen lebe, lässet sich gar leicht erforschen.

Alte Leute, welche kein Vermögen besitzen,
oder Alters= und Schwachheit halber nicht mehr
recht arbeiten können, sind allerdings von allen
und jeden Abgaben ganz frey zu lassen. Sie haben in ihren jungen Jahren dem Staate vielleicht lange Zeit nützliche Produkte erzeugt, vielleicht viel zur Bevölkerung beygetragen, und der
Staat ist ihnen also die Erkenntlichkeit schuldig,
sie in ihrem schwachen Alter nicht nur unentgelt-
lich zu schützen, sondern wohl gar nothdürftig zu
verpflegen.

Es giebt noch eine dritte, von vorhergehenden
wesentlich unterschiedene Art Schutzgelder. Entweder ganze Provinzen und Städte begeben sich,
ihrer Sicherheit halben, in den Schutz eines Mo-
narchen, wie z. B. die Republik Ragusa und
die Stadt Danzig; oder auch Unterthanen ganz
kleiner Herrschaften, welche nicht vermögend sind,
ihre Unterthanen nachdrücklich zu schützen, suchen
nicht selten den besondern Schutz eines Landes-
fürsten, und entrichten ihm dafür ein jährlich
bestimmtes Schutzgeld. Dieses beruhet also auf
einem wechselseitigen Vertrag, und der Schutz-
herr wird so viel nehmen, als ihm sein Schutz-

yer=

verwandtes giebt, oder nach diesem Vertrag zu geben schuldig ist.

§. 42.

Judenschutzgelder.

Der unter uns wohnende Saame Abrahams, ist insgemein von Besitzungen liegender Gründen, von Künsten und Handwerkern ausgeschlossen; und genöthiget, sich alleine mit der Handelschaft zu ernähren, welche sich meistentheils nur auf alte Kleider, höchstens Pferde und Rindvieh erstrecket, da die wenigsten der heutigen Kinder Israels so viel Vermögen besitzen, ihr Gewerb weit auszubreiten, auch die Landesgesetze ihnen dieses nicht selten verbiethen. Ihr Stand gränzt an die Knechtschaft; ihre Auflagen sind öfter sehr hoch; und ihre ganze Situation nöthiget sie, auf täglichen Betrug und List zu raffiniren; worinnen sie es dann nicht selten weit genug bringen.

Diese vormalige kaiserliche Kammerknechte sind itzo Kammerknechte eines jeden Reichsstandes, unter dessen Schutz sie wohnen. Sie können gerechte Ansprüche auf diesen Titel machen, da sie den Kassen des Landesherrn nicht

nur

nur unmittelbar, durch ihre hohe Abgaben; sondern auch mittelbar, durch ihr Verkehr und be-
trügerische Kontrakte an Handlöhnern, Nach-
steuern, Umschreibgeldern, Konsensgeldern, Stem-
pelpappiergeldern, Strafen, u. d. g. einen beträchtlichen Zuwachs verschaffen.

Die Verfassung dieser ehrlichen Leute in
Deutschland erlaubt nicht wohl eine andere, als
persönliche Auflage.   Ihre Abgaben sind ganz
willkührlich, und gründen sich auf einen mit ihnen errichteten Vertrag, welchen man Schutz-
brief nennet, und von Zeit zu Zeit erneuert, da
ihnen insgemein der Schutz nur auf gewisse Jahre verliehen wird.

Ihre hauptsächlichste Abgabe ist ein Schutzgeld, welches entweder nach ihrem Vermögen
reguliret, oder aber von den Familien in gleichen Theilen erhoben wird.   Ueber dieses müssen
sie von ihrem Vermögen und ihrer Handelschaft
noch besondere Steuern entrichten, welche sich
mit den Steuern der Unterthanen in gleicher Progression mehren und mindern.   An einigen Orten
müssen sie noch ausserdeme zum Dienst des Landesherrn Pferde halten, Fouragelieferungen prästiren, erhöhete Zölle entrichten, vom geschächt-

ten Viehe jetwas bezahlen, auch bisweilen für
das Begräbniß ihrer Todten noch besondere Gebühren abreichen. —

Diese Judenabgaben gehören zwar nicht alle
unter gegenwärtigen Abschnitt; ich ziehe sie hier
aber in eines zusammen, weil ich nicht für nöthig finde, jede besonders abzuhandeln, da, ihre
persönlichen Auflagen ausgenommen, die übrigen alle unten ohnehin, und nur mit Vorbeyge-
hung des Begrifs von Juden, noch vorkommen
werden.

§. 43.
Untersuchung ihrer Nützlichkeit oder
Schädlichkeit.

Die Auflagen der Juden sind dem Staate nützlich, so bald man erwiesen hat, daß
das Daseyn der Juden nicht ungleich schädli-
cher ist.

Juden sind eine, im alleretgentlichsten Ver-
stande, sterile Klasse von Einwohnern: sie erzeugen weder rohe noch künstliche Produkte, und
bringen also dem Staate keinen Nutzen; sondern
rauben seinen Bürgern alles, was sie verzehren,
kontribuiren und ersparen. — Dem Staate, sollte
man

man also denken, müßte es eine große Erleichterung seyn, wann er sich von einer beträchtlichen
Menge Müssiggänger befreyen, und seine Produkte, welche diese ohne Aequivalent verzehren,
über die Gränzen bringen kann.

Was man dagegen einzuwenden pflegt, bestehet darinnen, daß durch Vermittelung der Juden
das innere Kommerz und der Umlauf des Geldes befördert werde. Daß dieses zur Wohlfahrt
eines Staats nicht nur dienlich, sondern sogar
nothwendig seye, kann nicht geläugnet werden;
ob es aber nicht durch ordentliche Bürger weit
besser, wenigstens unnachtheiliger geschehen könnte, ist eine ganz andere Frage. Wo Juden sind,
kann sich freylich der Bürger mit der kleinen
Handelschaft und Geldnegotien nicht abgeben,
weil er vor jenen nicht aufzukommen vermag.
Aber er würde es thun, wann sie nicht wären;
Aberdies wird die Anzahl der Juden gar leicht
größer, als zu jenen Absichten nöthig wäre. Ihnen vorzüglich hat man die öftere Ueberschwem-
mungen des Landes mit schlechten Geldsorten und
schlechten Waaren zu verdanken; und überhaupt
möchte der geringe Nutzen, welchen sie dem
Staate leisten, dem Schaden, welcher ganzen
Familien durch ihre Wuchereyen zugefüget wird,
schwerlich das Gleichgewicht halten können.

F 2 Ich

Ich kann mich nicht enthalten, hier eine Anmerkung einzuschalten, welche nicht eigentlich hieher gehöret. — Man hat dem übertriebenen Wucher der Juden durch Verordnungen, wie hoch sich die Zinsen von ihren Anlehen belaufen dürfen, vorzubauen gesucht; sie wissen aber, besonders in Ländern, wo ihnen der Handel mit Grundstücken erlaubet ist, die Würkung dieser Gesetze meisterlich zu vereiteln. Der Landmann, welcher in der Noth steckt, und Geld vom Juden aufnehmen will, der es ihm um die vorgeschriebene 6 oder 7 fl. vom Hundert nicht leihet, muß diesem einen Acker z. E. um 100 Gulden bares Geld verkaufen, und von ihm gleich wieder um 150 fl. auf drey oder vier Jahresfristen zu bezahlen, rückkäuflich annehmen; wodurch der Jud nicht nur ein gerichtliches Unterpfand erhält; sondern auch sein Darlehen auf 15 bis 18 Procenten öfters nutzet. Vieljährige Observationen haben mich überzeugt, daß dieses die nachtheiligste aller jüdischen Operationen für den Landmann seye, und es wäre zu wünschen, daß sie bey Ausfertigung neuer Judenschutzbriefe beherziget werden möchte.

§. 44.

§. 44.

Judengroſchen.

Ein Landesherr, welcher ſeinen Juden den Schutz aufkündiget, weil er überzeugt iſt, daß ſie ſeine getreue Unterthanen ruinⁱren, verliehret nicht nur für ſich eine importante jährliche Einnahme; ſondern, was vielleicht öfter das bedenklichſte iſt, auch ein groſſer Theil ſeiner Amtleute muß viele Sporteln miſſen. Wann das herrſchende Auflagenſyſtem ſo beſchaffen iſt, daß es ſich faſt von ſelbſten in einem wahren Verhältniß mit dem Nahrungsſtande der Unterthanen erhält: ſo wird er durch deſſen darauf folgende Aufnahme von ſelbſten wiederum größtentheils, wo nicht ganz, entſchädiget werden: hat hingegen das Auflagenſyſtem dieſe vortheilhafte Eigenſchaft nicht: ſo hält es ſchwer, dieſen Abgang wieder zu erſetzen, und es gehöret alſo eine ziemliche Doſis von landesväterlicher Liebe dazu, wann ſich der Fürſt unter dieſer Lage, eines Theils ſeiner Einkünfte zum Beſten ſeines Volks freywillig begeben ſoll.

Dieſe Betrachtungen haben eine neue Finanzoperation veranlaſſet. In dem Herzogthum Neuburg wurden vor einigen Jahren die Ju-

F 3　　　　　　　　　　den

den ausgetrieben, zum Ersatz ihrer abgängigen
Abgaben aber den Unterthanen eine Auflage unter dem Namen Judengroschen aufgelegt.
Aber diese Auflage hat den Fehler, daß sie den
Vortheil und Nachtheil der Unterthanen nicht
richtig billanciret. Wann noch so viele Juden
im Staate sind, so stehet es doch in der Macht
eines klugen Mannes, sich von ihren Betrüge-
reyen zu hüten, daß sie ihme nichts schaden können. Diesem bringt also ihre Austreibung keinen Vortheil, da hingegen der Judengrosche seine Abgaben wirklich vermehret. Auch ist zu besorgen, daß nach Ablauf etwa eines Jahrhun-
derts die Bedeutung des Worts, Judengroschen,
eben so unbekannt, als die Benennungen:
Weissath, Vogthaber, Hubrecht u. d. g.
werden, und alsdann die Regierung in die Versuchung gerathen möchte, neben Beybehaltung
jenes Gefälles, dannoch wiederum Juden in den
Schutz aufzunehmen; so wie an einigen Orten
Weggeld und **Chauseegeld** zugleich erhoben
wird.

In einem Lande, welches Mangel an Manufakturen hat, zu deren Errichtung niemand die
Hände biethen will, könnte man vielleicht die
Juden, welche man gerne beybehalten möchte,
das-

dadurch in etwas nützlich machen, wenn man ihnen den Schutz unter der ausschliessenden Be-
dingung erneuerte, daß sie mit vereinigten Kräften eine Fabrik errichten und in Aufnahm bringen müßten, es möchte sie gleich noch so sauer
ankommen! — Unmaaßgeblich — versteht
sich's.

§. 45.

Vier Punkte, worauf die Brauchbarkeit der Gewerbsteuern beruhet.

Schlettwein, ein ganz philosophischer Kam-
meralist, der nichts so sehr wünscht, als alle
Welt glücklich zu sehen, und Muth genug hat,
seine nicht geringen Kräfte ganz dem Wohl seiner
Mitbürger aufzuopfern; verwirft die Hand-
werks- und Gewerbssteuern durchaus; welche ich den meisten Ländern, noch immer für
unentbehrlich halte: ob ich gleich meine Leser zu
überzeugen hoffe, daß ich kein Beschützer und
Günstling des Herkommens bin.

Noch öfter werde ich genöthiget seyn, meine
Gründe anzuführen, warum ich mich von der
Wahrheit einiger Sätze dieses mir sonsten wahr-
haftig verehrungswürdigen Mannes, noch immer

F 4 nicht

nicht überzeugen konnte; und ich bitte also meine Leser zum voraus, mich deswegen nicht zu beschuldigen, als ob ich mich von dem Geiste des Widerspruches leiten ließe, oder eitel genug wäre, alles besser wissen zu wollen.

Nach Herrn Schlettwein beruhet die Brauchbarkeit der Gewerbsteuern auf folgenden Fragen:

Ob die Geschäfte und Gewerbe der Handwerker, Fabrikanten, Künstler und Kaufleute einen besondern Profit abwerfen?

Ob dieser Profit sicher berechnet, und zu Erhebung eines Imposten in Anlage gebracht werden könne?

Ob die gewerbtreibende Personen nicht schon nach der Größe ihrer Nahrungsgeschäfte durch Auflagen auf die Grundstücke zu den öffentlichen Einkünften die gehörige Beyträge thun?

Ob nicht durch die Abgaben, welche unmittelbar von den Gewerben entrichtet werden müssen, auf einer andern Seite größere Reichthümer und Einkünfte des Staats zu Gründe gerichtet werden?

Ich

Ich bin dießfalls mit meinem Gegner vollkommen einig, und will alſo zur Unterſuchung,
dieſer vier Punkte ſchreiten, Herrn Schlettweins
Gründe mit meinen Zweifeln vortragen, und
meine Leſer urtheilen laſſen.

§. 46.

Ob die Gewerbe der Kaufleute und Manu-
fakturiſten einen beſondern und ſichern
Profit abwerfen.

Daß die Gewerbe der Profeſſioniſten und Handelsleute keinen beſondern Profit abwerfen, ſucht
Herr Schlettwein dadurch zu erweiſen: Einmal
ſetzt er den an einem andern Orte erwieſenen Satz
voraus: daß der Handel und die Geſchäfte der
Induſtrie durch ſich ſelbſt keine Mittel ſind, die
Staaten und ihre Einwohner zu bereichern; und
dann fügt er dieſem Satze noch folgende Erinnerung bey: Wenn ein Kaufmann eine Waare in
einem gewiſſen Preiße verkaufet, und ein Fabri-
kant eine Waare in einem Preiße fertig gearbei-
tet hat: ſo können beede nicht eher von einem
Profit für ſich reden, als bis ſie ihre Waare in
einem Preiße abſetzen, der denjenigen überſteiget,
in welchem ſie ſolche angeſchaffet oder fabriciret haben. Dieſer Verkaufspreiß aber hängt ganz al-

lein

lein von der Konkurrenz der Käufer und Verbraucher ab; und es ist also nicht möglich, daß die gewerbtreibende Personen durch ihre Geschäfte einen besondern, reellen und sichern Profit in dem Staate herfürbringen können.

Den ersten Satz muß ich unten, wo von den Konsumtionsauflagen und besonders von den Imposten auf die Ausfuhr roher Produkte die Rede seyn wird, ohnehin näher beleuchten, und verweise also meine Leser zu Vermeidung unnöthiger Wiederholung, einstweilen dahin. Auf die weitere Erinnerung aber antworte ich: Ehe der Kaufmann eine Waare verschreibt, erkundiget er sich schon durch seine Korrespondenten nach den Kaufs- und Verkaufspreißen, vergleicht diese genau miteinander, und läßt die Waare gar nicht kommen, wann sich für ihn kein sicherer und hinlänglicher Profit zeigt. Nur der Preiß selbst erzeugter roher Produkte hängt vorzüglich, und auf solchen Handelsplätzen von der Konkurrenz der Käufer ab, wo insgemein die Anzahl der Verkäufer größer ist, als die der Käufer. Außerordentliche und ungewöhnliche Fälle ausgenommen, gewähret also die Handlung jederzeit einen zuverläßigen Profit. Diese besondere Zufälle gehören aber nicht zur Regel; sondern zur

Aus-

Ausnahme, und ſie finden beym Ertrag des Feld-
baues und der Viehzucht eben ſo wohl ſtatt, als
bey der Handlung.

Ein Handwerksmann wie der andere muß
ſein rohes Produkt, welches er verarbeitet, und
die Lebensmittel, welche, er während der Arbeit
verzehrt, erkaufen, und meiſtentheils in gleichem
Preiſſe mit ſeinem Mitmeiſter bezahlen. Dieſes nöthiget ſie untereinander, wie uns tägliche
Beobachtungen lehren, auf gleichen Verkaufs-
preiſen zu halten, welche um ſo weniger von der
Konkurrenz der Käufer abhangen, da die meiſten
Profeſſioniſten faſt nichts verfertigen, was nicht
vorhero ſchon bey ihnen beſtellet wird. Bey eigentlichen Manufakturen findet zwar eine ziemliche Abweichung von dieſen Sätzen ſtatt; neu-
errichtete Manufakturen ſind aber auch nicht
leicht ein Gegenſtand der Gewerbſteuern, und
wann ſie einmal eine gewiſſe Stärke erreicht haben: ſo kann man auch bey ihnen auf einen
ſichern Profit Rechnung machen. Beſondere
Vortheile im Einkauf, und eine vorzügliche Fer-
tigkeit in der Fabrikatur werden zwar unter dem
Profit der Handwerksleute ein Plus und ein Minus erzeugen; aber erzeugt nicht auch die Ge-
ſchicklichkeit der Ackerleute bey dem Ertrag der
Fel-

Felder ein beträchtliches Plus und Minus? und
doch findet Herr Schlettwein den Ertrag der
Grundstücke zum Grund einer öffentlichen Abgabe tauglich.

§. 47.

Ob sich dieser Profit zu Erhebung eines Imposten sicher berechnen und in Ansatz
bringen lasse.

Die Frage: ob sich dieser Profit sicher berechnen und zu Erhebung eines Imposten in Ansatz bringen lasse? beantworte ich unbedenklich
mit Ja? — Zwar nicht sicher im strengsten Ver-
stande; aber doch sicher genug zu Begründung
einer Auflage in Rücksicht auf andere Gegenstände der Imposten. Was ein Handwerksmann in
einem Tag, und also auch in einem Jahr arbeiten, und wie theuer er das verfertigte Kunstpro-
dukt verkaufen kann, lässet sich ganz gut bestimmen. Seine Fabrikations- und Konsumtions-
auslagen lassen sich zwar keineswegs so genau
ausrechnen, wie es Herr Schlettwein im ersten
Theile seiner wichtigsten Angelegenheit für
das Publikum auf der 293ten Seite von den
Vertheidigern der Gewerbschatzung fordert; aber
eben so genau lassen sie sich doch zuverläßig aus-

rech-

rechnen, als Herr Schlettwein von Seite 158 bis
171 ſeiner erſtangeführten Schrift die Reprodu-
tionskoſten der Landleute berechnet hat. — Ich
erbiethe mich nöthigen Falls zum förmlichen Beweis, welchen ich aber meinen Leſern jetzt noch
ſchuldig bleibe, nicht nur um nicht gar zu weit-
läuftig zu werden; ſondern auch weil ich ihnen zutraue, daß ſie ſich ſelbſten von der Wahrheit meiner Behauptung überzeugen werden,
wann ſie ſich die Mühe geben wollen, bode angeführte Stellen ſelbſt nachzuleſen und mit einander zu vergleichen.

§. 48.

Ob die gewerbtreibende Perſonen nicht ſchon durch den Territorialimpoſt beſteuret werden.

als ein todtes Kapital
oder zu gewiſſen Ge-

kein Reichthum für den

auch mit Recht nicht als ein
Scha-

Schatzungsfond angenommen werden. Ist aber das andere, so genieset der gewerbtreibende Bür-ger für seinen genommenen Profit lauter frem-de oder eigene Landesprodukte.

Im ersten Falle nimmt er durch den Ver-brauch seines Gewinnstes an den Reichthümern des Landes gar keinen Antheil, und es kann ihm also auch keine Abgabe abgefordert werden ; im andern Fall aber wird durch den Verbrauch jenes Gewinnstes der Werth der eigenen Landesproduk-te erhöhet, und also auch der reine Landesertrag vergrößert. Dieses ist aber ein offenbarer Bey-trag zu den Auflagen, welche von dem reinen Ertrag der Grundstücke erhoben werden. — — sagt Herr Schlettwein zu Erörterung der dritten Präjudiciälfrage.

So lange es für eine allgemeine Wahrheit an-erkannt wird, daß das Geld der allgemeine Maaß-stab und das vorstellende Zeichen aller menschli-chen Bedürfnisse sey, so lange muß es auch wahr seyn, daß auch ein todtes Kapital ein wahrer Reichthum des Staats sey. Ein todtes Kapital setzt seinen Innhaber alle Augenblick in den Stand, sich in der möglichsten Geschwindigkeit jedes Bedürfniß zu verschaffen. Ist dieses Ver-mögen nicht wahrer Reichthum zu nennen ?

Herr

Herr Schlettwein wird mir gerne zugeben, daß
ein Bauer, welcher hundert Malter Waizen in
ſeiner Scheuer hat, einen wahren Reichthum be-
ſitze. Warum ſollte aber ein anderer, welcher
für hundert Malter Weitzen vorſtellende Zeichen
oder Geld beſitzt, nicht eben ſo reich ſeyn ? Der
Menſch lebt nicht allein vom Brod ; er hat noch
andere Bedürfniſſe. Jener, wann er ſich dieſe
verſchaffen will, muß erſt ſeinen Waitzen gegen
Geld vertauſchen, wozu er nicht alle Tage gute
Gelegenheit hat ; dieſer aber kann ſich mit ſeinem baaren Gelde jede Nothdurft viel leichter
verſchaffen. Ich weiß zwar wohl, daß man
Geld nicht eſſen kann ; aber unſere Welt müßte
eine gewaltige Revolution ausſtehen, wann es
dahin kommen ſollte, daß praktiſch anerkannte
Wahrheiten durch bloſe Kammeralmetaphiſik ver-
drungen werden könnten.

Aber könnte man mir einwenden, iſt das auch
in Abſicht auf den Staat wahrer Reichthum zu
nennen, was in Abſicht auf ein Individuum dieſen
Namen verdient? — Allerdings! Ein Staat,
welcher keine Bergwerke, und alſo auch für ſich
kein Geld hat, wird auch noch an andern Produkten Mangel leiden, weil ein Land nicht alles
hervorbringt. Wie erlangt dieſer Geld, um die

ihm

ihm abgängigen Produkte zu erkaufen? — durch
den Verkauf seiner natürlichen oder künstlichen
Produkte. Kann es nun diesem Staate nicht ei=
nerley seyn, ob er seine überflüßigen Produkte
noch in der natürlichen Gestalt oder die vorstel=
lenden Zeichen dafür besitzt, um welche ihm sei=
ne Nachbarn alles zukommen lassen, was er
braucht?

Da die fremden Produkte nicht anders, als
gegen Vertauschung einheimischer Produkte or=
dentlicher Weise erlanget werden können: so wird
wohl keinem Zweifel mehr unterworfen seyn, daß
derjenige Staatsbürger, welcher seinen Ge=
winnst auf die Konsumtion ausländischer Pro=
dukten verwendet, eben dadurch auch an den
Reichthümern des Landes Antheil nehme. Und
hierdurch glaube ich, widerlegt sich der zweyte
Schlettweinsche Satz von selbsten.

Die Widerlegung der dritten Behauptung
aber: daß der gewerbtreibende Bürger, wann
er seinen Profit an inländische Produkte ver=
wendet, auch dadurch das Seinige zu dem Im=
post beytrage, der von dem Ertrag der Landes
zehen bezahlt werden müsse, erspare ich billig auf
den folgenden Abschnitt, um nicht ohne Noth in

Wie=

Wiederholungen zu verfallen, da ich dorten von Produktionsauflagen handeln und ohnehin zu beweiſen ſuchen werde, daß durch den Territorialimpoſt nur die produktive, und nicht zugleich auch die ſterile Klaſſe beſteuret werde.

§. 49.

Ob durch die Gewerbſteuer nicht auf der andern Seite größere Reichthümer des Staats zu Grund gerichtet werden.

Was Herr Schlettwein zu Beantwortung der vierten Frage: Ob nicht durch die Abgaben, welche unmittelbar von den Gewerben entrichtet werden müſſen, auf einer andern Seite gröſſere Reichthümer und Einkünfte des Staats zu Grunde gerichtet werden? von den ſchädlichen Folgen der Gewerbſteuern geſagt hat, das nämliche hat er auch allen Konſumtionsauflagen überhaupt zur Laſt gelegt. Nach meinem gemachten Plan, muß ich dieſe Beſchuldigungen im vierten Abſchnitte ohnehin beleuchten; und bitte alſo meine Leſer, meine Gründe dort nachzuſehen, und mir dadurch eine abermalige Wiederholung zu erſparen. Bis auf weitern Beweiß glaube ich alſo noch immer, daß für ein Land, welches nicht allgemeinen Konſumtionsauflagen, oder einer all-

gemeinen Vermögenssteuer unterworfen ist, die
Gewerbsteuer nicht nur unschädlich; sondern auch
zu Beobachtung einer gerechten Gleichheit u
den Bürgern wohl gar unentbehrlich seye.

§. 50.

Beyspiele von Gewerbsteuern.

Die Gewerbsteuern sind fast in allen Gegen=
den Deutschlandes, vornehmlich aber in dem
Erzstifte Trier und in Kursachsen eingeführt.
In diesem Kurfürstenthum muß jeder, er seye
gleich angesessen oder nicht, von seinem Verdien=
ste und Handthierung die sogenannten Quatem=
bersteuern geben.

In Frankreich muß nicht nur der sogenannte
Dixiéme de l'Industrie von allen Gewerben be=
zahlet werden; sondern die Krämer zu Paris
müssen auch unter dem Namen: Les Droits du
Domaine, Barrage et Poids - le Roi de Paris
von Maaß und Gewicht, und unter der Benen=
nung: Les Droits des Courtiers Jaugeurs von
der Aiche und dem Visiren der Gefässe noch be=
sondere Auflagen, entrichten.

§. 51.

Von persönlichen Auflagen.

§. 51.
Von Witts Vorschlag wegen der Gewerbsteuer.

Der ehemalige holländische Großpensionar

nähreten, so ihnen von dessen eigenen Einwoh-

ihrer Arbeit erhöhen, und also nicht sie, sondern die Käufer ihrer Waaren diese Steuererhöhung treffen würde? (vielleicht aber war dieses Witts Absicht?) daß man der Verschwendung durch Accise weit leichter, als durch Gewerbsteuer vorbauen könne; einheimische Manufakturen aber alle Unterstützung verdienten und dergleichen Arbeiter, wann sie vorzüglich geschickt wären, besonders in kleinen Staaten, öfter aus benachbarten Gegenden ihrer Nahrung Zuflüsse verschaften und dadurch das Land bereicherten. Dieses war aber Witts Fall gar nicht, als der nur von solchen Künstlern redet, welche sich blos von den eigenen Landeseinwohnern nähren.

Ge-

Gewerbsteuern sowohl, als andere Auflagen dürfen nur an gerechter Antheil des Profits seyn, welchen das Gewerb der gewerbtreibenden Personen verschaft. Wann ich also von einem Bürger den 4ten und von einem andern nur den 3ten Theil seiner rehren Einkünfte erhebe: so sündige ich gegen die gerechte Gleichheit, der Bürger treibe ein Gewerb, welches er wolle. Der Fall ist gar selten, wo es in der Willkühr des Arbeiters stehet, den Preiß seiner Arbeit zu bestimmen; man wird also stets Gefahr laufen, den Künstler zu verderben, wann man durch erhöhete Gewerbsteuern dem Luxus — diesem politischen Räthsel Einhalt zu thun sucht.

§. 52.

Calenbergischer Licent.

Im Fürstenthum Calenberg wird der Licent (bekanntlich eine Konsumtionsauflage) in Gestalt einer persönlichen Auflage erhoben, und hat mithin alle Mängel, welche diesen überhaupt ankleben. Wie uns Herr D. Büsching lehret, muß auf dem Lande jede Person, welche über 12 Jahre alt ist, zwey Malter, und jede, welche zwischen 4 und 12 Jahren alt ist, ein Malter Korn verlicentiren. Die Schwürigkeiten, wel-

che

he dem Bezug des Licentes anleben, mögen
wohl diese Veränderung veranlasset haben; viel=
leicht aber hat man dadurch auch in dieser Rück=
sicht nicht viel gewonnen. Die dermaligen Er=
hebungsanstalten könnten dieses allenfals bewei=
sen. Die Licentinspektoren reisen alle Jahre ein=
mal in den kleinen Städten, Aemtern und Ge=
richten umher, und untersuchen in Gegenwart
der Richter der Oerter, ob jeder Einwohner seine
Abgabe richtig entrichtet habe. — Der Landes=
herr bestellet die *Licentinspektoren*, die Land=
schaft aber die *Licentkommissarien*. — Ein
doppeltes Personale also!

§. 53.

Würdensteuer und Fixgelder.

Döhler erzählt am Ende seines Titels
von Domainen, Ritterguttonen 2c. daß im
Jahr 1737 in einem gewissen deutschen Staate
(den er aber nicht nennt) eine Würdensteuer
ausgeschrieben worden sey. — Die Anlage ist
ziemlich hoch, den Grundsätzen einer gerechten
Gleichheit nicht angemessen, und überhaupt sie=
het man es ihr auf allen Seiten an, daß sie
zur Zeit der Noth in der Geschwindigkeit ausge=
dacht worden seye, und keineswegs als ein Mu=

G 3   ster

ser zur Nachahmung aufgestellet zu werden verdiene. Diese Schatzung sollte auch seiner Zeit
den Kontribuenten wiederum vergütet, und mit
vieren vom Hundert verzinset werden.

Eben daselbst soll im Jahr 1766 eine Kopfsteuer unter dem Namen Fixgelder eingeführt
worden seyn. Alle Menschen, sowohl einheimische als fremde, müssen vom 12ten Jahre an alle Monate 4 Mariengroschen bezahlen.

§. 54.

Billigkeit der Kapitaliensteuer.

Zu den uneigentlichen Personalauflagen
gehören die Steuern von Kapitalien, welche
auf Zinsen ausgeliehen werden. Ob sie in vielen
europäischen Staaten gewöhnlich sind, weiß ich
nicht; die deutsche Chronik vom 24ten Juli des
1777 hat versichert, daß sie jetzt im Königreich Pohlen eingeführet seyen.

In Georgien (im Polizey- und Kameralmagazin) verlanget die Kapitalien unter diejenigen Gegenstände, welche nicht mit Abgaben beleget werden können, ohne dem Nahrungsstande dadurch,
auf eine oder andere Seite, Nachtheil zuzuziehen;

er hat aber vergeſſen, ſeine Gründe beyzuſetzen, warum er die Kapitalien unter dieſe Klaſſe rechnet.

Der Kapitaliſt, welcher ſein Geld auf Zinſen ausleihet, nimmt dadurch an den Reichthümern und der jährlichen Produktion des Landes wahren Antheil, und kann ſich alſo aus dieſem Grunde der Verbindlichkeit nicht entziehen, öffentliche Abgaben davon zu präſtiren, wann er nicht ſchon durch Vermögensſteuern, oder Konſumtionsauflagen hinlänglich beſteuert wird. Ich will es verſuchen, dieſes durch ein Beyſpiel deutlich zu machen.

Ein Landmann beſitzt für 600 fl. Grundſtücke, welche er mit einem aufgenommenen Anlehen von 300 fl. und eben ſo viel eigenem Vermögen käuflich an ſich gebracht hat. Wir wollten annehmen, daß er ſie durch ſeinen Fleiß mit 7 Procenten nutze; ſo erhält er dadurch nach Abzug ſeines Kulturaufwandes einen reinen Ertrag von 42 fl. — Hievon aber muß er dem Darleiher der 300 fl. 5 Procent Zinſen abreichen, welche 15 fl. ausmachen. Sein eigenes Vermögen hätte er ebenfalls auf Zinſe ausleihen, und alſo mit 15 fl. ohne Mühe, Arbeit, Sorgen und ſo viele Gefahr benutzen können. Nach Abzug dieſer

ser Zinsen bleiben ihme also für seine Arbeit nur
12 fl., den Staat aber hat er dadurch, (nach
Herrn Schlettweins Rechnungsmethode) würk-
lich um 93 fl. 20 kr. bereichert, nämlich:

$\frac{9}{20}$ Th. für Kulturauslagen $\cdot$ $\cdot$ 42 fl. — kr.

$\frac{2}{20}$ Th. für den Zehnden $\cdot$ $\cdot$ $\cdot$ 9 . 20 .

$\frac{9}{20}$ Th. reiner Ertrag $\cdot$ $\cdot$ $\cdot$ $\cdot$ 42 . — .

$\frac{20}{20}$ Th. Summe der ganzen Produktion 93 fl. 20 kr.

Nun setze man den Fall, daß die auf den
Grundstücken ruhende öffentliche Abgabe nur den
5ten Theil der reinen Produktion beträge: so
wird der Arbeiter noch 8 fl. 24 kr. an den Staat
abgeben müssen, und also nicht mehr als
3 fl. 36 kr. für sich behalten; der Müssiggänger
hingegen, welcher von Zinsen lebt, und im Staat
blos effektuiret, daß ein Theil der erzeugten
nothwendigen Landes produkte zu Stillung seiner Begierden gegen ausländische luxuriöse Waa-
en vertauschet wird, leer ausgehen. Stimmt
dieses mit der natürlichen Billigkeit überein?

Der Bauer empfängt von 42 fl. reiner Produktion 27 fl. und der Kapitalist 15 fl. Wäre-
ner davon 8 fl. 24 kr. an den Staat abgeben
muß, warum soll dieser von seinem Antheil nicht

in gleichem Verhältniſſe mit jenem auch 4 fl. 40 kr.
Auflagen entrichten? Oder wann die Auflage den
5ten Theil des reinen Ertrags nicht überſteigen
ſolle; ſo laſſe man davon den Landmann von

	fl.	kr.
$\frac{27}{72}$ Th. reiner Produktion	5	24
und den Kapitaliſten von		
$\frac{45}{72}$ Th. reiner Produktion	3	—
kontribuiren.		
$\frac{72}{72}$ Th.	8 fl. 24 kr.	

Die gerechte Vertheilung der ganzen Produktion wäre ſodann: fl.   kr.

	fl.	kr.
$\frac{78}{100}$ Th. Kulturaufwand	42	—
$\frac{13}{100}$ Th. für den Zehnden	9	20
$\frac{45}{100}$ Th. reiner Ertrag: 33 fl. 36 kr.		
a) für den Bauern	21	36
b) für den Kapitaliſten	12	—
$\frac{9}{100}$ Th. Auflage des Staats	8	24
$\frac{20}{20}$ Th.	Sum. 93 fl. 20 kr.	

§. 55.
Schwürigkeiten der Kapitalienſteuer.

— Die Billigkeit der Kapitalienſteuer an und
für ſich, iſt alſo wohl keinem Zweifel mehr un-

terworfen; auch könnte man von ihr hoffen; daß
sie den Fleiß der Einwohner dadurch vermehren
würde, daß sie vielleicht die Kapitalisten veran-
lassen möchte, ihr Geld lieber auf liegende Gründe oder zur Handlung und Manufakturen zu verwenden, als auf Zinsen auszuleihen: wann man
aber die Kapitaliensteuer wirklich einführen will:
so wird man gleichwohl mit unendlichen Schwie-
rigkeiten zu kämpfen haben. Wie ausserordentlich schwer wird es seyn, alle Kapitalien, welche öfters nur auf Treu und Glauben, auf Wech-
selbriefe und Handschriften ausgeliehen werden,
zu erkundigen, und in die Steuer zu legen? —
Nur jene Kapitalien besteuern zu wollen, welche
dem Landmann gegen Verpfändung seiner Felder
geliehen werden, heißt diesem seinen Kredit und
seine Nahrung entziehen; aber auch jene Gelder,
welche nicht auf Zinsen ausgethan werden, sondern im Kasten liegen bleiben, mit Abgaben beschweren, heißt nicht nur eine Vermögenssteuer
erheben; sondern auch unbillig handeln. — Wie
leicht kann man die innländischen Kapitalisten ver-
leiten, ihre Gelder über die Gränzen zu schaffen?
Und werden nicht ausländische Glaubiger ihre
Anlehen zurücke fodern, wann man sie einer
Art von Dominikalsteuer unterwerfen will? —
Will man Wittwen und Waisen, welche ihr

Gewerbe treiben können, sondern blos von Zin=
sen leben müssen, eine Kapitaliensteuer abfor=
dern: so begehet man eine wahre Ungerechtig=
keit; beschweret man aber die Diener des Staats
mit einer solchen Steuer: so entziehet man ihnen
einen Theil ihrer Besoldung. Dieses letzte Mit=
tel wäre vielleicht bequemer und schicklicher, wann
ihr Gehalt wirklich zu groß seyn sollte. Allein
wo existirt wohl dieser Fall? —

Die Kapitaliensteuer wird sich also allein auf
solche Personen einschränken müssen, welche we=
der dem Staate dienen, noch unter Pupillen und
elende Personen gerechnet werden können, noch
auch einiges Gewerbe treiben; sondern einzig
und allein aus Bequemlichkeit von ihren Renten
und Zinsen leben. Die vorangeschickte Betrach=
tungen aber werden uns lehren, daß man auch
selbst bey diesen die Steuer nicht genau nach dem
Betrag ihrer Kapitalien einrichten dürfe, sondern
in ein billiges Aversionsquantum verwandeln
müsse; welches ich mir doch nicht allgemein zu
bestimmen getraue. Zwar wird dadurch das ge=
naue Verhältniß zwischen der Einnahme des Ka=
pitalrenten und seiner Auflage in etwas Noth lei=
den; allein es ist überhaupt nicht zu hoffen, daß
man es im Steuerwesen jemals zu einer mathe=
tigen

matischen Pünktlichkeit bringen werde; und selbst
die Mathematiker können sich mit Ludolphs
von Cölln Ausrechnung begnügen, da sie noch
keine vollkommene Quadratur des Cirkels haben.

Von der Kapitaliensteuer, so wie von mehrern andern Auflagen möchten auch solche Pen-
sionairs frey zu lassen seyn, welche ihre Pensio-
nen, oder andere Einkünfte, die sie im Staate
verzehren, aus f. mden Ländern ziehen, damit
sie nicht in die Versuchung gerathen, auszuwandern.

§. 56.

Von Vermögenssteuern.

Wir haben oben schon angenommen, daß die
Staatsbürger ihre ursprünglichen Geniessungsrechte nur nach dem Maaß ihres Vermögens
ausüben und also wirklich benutzen können; und
daß das Maas dieser Geniessungsrechte den sicher-
sten Maasstab zu Vertheilung der öffentlichen
Auflagen darreiche. Die Vermögenssteuer
hat also in dieser Rücksicht von je her viele Vertheidiger gefunden. Schon den Atheniensern
war sie bekannt, und der König Servius Tul-
lius führte sie bey den Römern ein. Im

deuts

deutſchen Reiche, iſt ſie noch faſt in allen
Reichsſtädten, beſonders aber in Hamburg und
Nürnberg gebräuchlich. Hutcheſon ziehet ſie
um deswillen der Steuer von liegenden Gründen
vor, weil dieſe die mit Schulden beladene Güter-
beſitzer zu hart drücket. — Im nächſt vorhergehenden §. wurde dieſe Seite auch berühret.

Für einen Staat, der ſo ſehr auf die Mora-
lität ſeiner Glieder bauen kann, wie Tifan auf
die Tugend ſeiner Scheſchianer * möchte freylich eine wohl ausgetheilte Vermögensſteuer die
nützlichſte Auflage ſeyn; und dieſer Staat würde ſich um ſo beſſer dabey befinden, wann ſie die
einzige Auflage wäre. Nach Tifans Plan würde alſo nicht nur der Anſchlag jedes einzelnen
Bürgers keine Schwürigkeit mehr haben; ſondern auch die Erhebung der Abgabe ſehr leicht
und wenig koſtbar ſeyn.

Ich habe indeſſen meinen oben §. 24. angenommenen Satz : daß es nicht ſo leicht ſey, das
Verhältniß des numeralen Vermögens zu dem
unterſchiedenen Stande und alſo auch unterſchiedenen Bedürfniſſe der Bürger ſicher zu beſtimmen, noch nicht vergeſſen : aber da in ſolchem
Falls

* Im goldenen Spiegel — wie Sie wiſſen! —

Falle dieses auch fast nur das einzige Geschäfte des Finanzdepartements wäre: so müßte es doch nicht aus sehr erleuchteten Köpfen bestehen, wann es diese Ausrechnung nicht zimlich genau — obgleich nicht nach mathematischer Schärfe — zu Stande bringen sollte. Eine ganz vollkommene Auflage läßt sich ja selbst in Schedschian nicht denken, so lange man dieses glückliche Reich auf unserm Planeten sucht. — Aber, Herr Danischmente! sagte Scha Gebal, Tifans Finanzeinrichtung setzt etwas voraus, welches sich nirgends als in einem idealischen Staate voraussetzen läßt. Wann nicht alle seine Kontribuenten und Einnehmer die ehrlichsten Leute von der Welt waren; so wollte ich ihm keinen kupfernen Baham um seine ganze Operation gegeben haben.

Die Schätzung des Vermögens der Kontribuenten ist also wohl das schwereste bey Einführung der Vermögenssteuer. Tifan, welcher dieses Geschäfte seinen Unterthanen selbsten überließ, glaubte ihre Nasen und Ohren, welche er denjenigen abschneiden lassen wollte, welche sich beygehen lassen würden, ihr Vermögen zu geringe anzugeben, würden sie von Begehung einiger Arglist und Gefährde abhalten; und von der Lieb

hofft

hofft diese Wirkung von Geldstrafen zu erhalten,
welche er nicht nur von den Verheelern des Ver=
mögens selbsten, sondern auch von ihren Erben
erhoben wissen will, wann sich die begangene
Gefährde erst nach ihrem Tode veroffenbaren soll=
te. Wir wissen, daß die Leibs = und Geldstrafen
ihre Wirkung so lange versagen, so lange der
Strafbare hoffen kann, daß sein Vergehen ver=
borgen bleiben werde. Und wie stark ist diese
Hoffnung nicht im gegenwärtigen Falle? —

Dieser Umstand veranlaßte viele, die Unter=
thanen ihr steuerbares Vermögen beschwören zu
lassen. — Aber — kann man wohl hoffen, daß
dieses Mittel die Wahrheit zu erforschen, auch
noch in unsern Tagen allgemein wirksam seyn
werde? Wie viele Bedenklichkeiten kann nicht
ein solcher Eidschwur in dem Gewissen melancho=
lischer Gemüther erzeugen? — Und wie be=
denklich ist es Eidschwüre zu häufen, das ist,
die Zahl der Meineide zu vermehren, und durch
die Vervielfältigung dem heiligen Eid seine Wür=
de zu entreißen. — Man hat im Schleßwigi=
schen und Holsteinischen angefangen, die Eide
bey den Gerichten zu vermindern, und wer lobt
es nicht?

§. 57.

§. 57.

Schwürigkeiten dieser Auflage aus dem Bey-
spiel der französischen Vermögensteuer
erläutert.

Man hat noch den Weg eingeschlagen, das
steuerbare Vermögen durch die Diener des Staats
untersuchen und tarixen zu laffen. Die befon-
dern Unbequemlichkeiten, welche dieser Unternehm-
mung eigen sind, laffen sich nicht deutlicher, als
an Frankreichs Beyspiel darthun.

Heut zu Tage ist die Vermögensteuer in
Frankreich allgemein, und wird mit besonderer
Schärfe abgefordert. Ehedem bezahlten die
französischen Unterthanen nur die Taille (eine
Steuer von liegenden Gründen) im November
1743. aber wurde zu Bestreitung der großen Kosten, welche der österreichische Successions-
krieg verursachte, unter dem Titel: Le Dixiéme
du revenù des touts les biens du Royaume
eine außerordentliche Auflage erhoben. Sie be-
stund in dem 10ten Theile aus allen Einkünften
aller unter französischer Hoheit gelegenen Länder-
reyen; von allen besondern Renten; von allen
Häusern, in Städten und Vorstädten; von allen Besoldungen und Sporteln; von allen zinsbaren Kapitalien; von allem Gewinnste
aus

aus der Großhandlung und dem Wechſel ; und
überhaupt von allen Gewerben. Und von dieſer
Steuer iſt gar niemand ausgenommen, als die
Armenhäuſer und die Geiſtlichkeit, welche das
Don gratuit dafür bezahlt.

Im Jahr 1746 wurde dieſe Steuer um 2
Sols pour livre, und alſo um den 10ten Theil
erhöhet.

Im Jahr 1749 mußte ſie als eine aufferordentliche Auflage, zufolge der königlichen Ver-
ſicherungen aufgehoben werden. Man erhob alſo nur die Hälfte des Dixéme unter dem Namen; le Vingtiéme ſamt der vormaligen Erhöhung von 2 Sols pour livre du Dixéme.

Durch das letzte Steueredikt vom November
1771 iſt über dieſes noch ein zweyter Vingtiéme
und folglich in allen :

1) Le prémier Vingtiéme,
2) Les quatre Sols pour livre du dit pré-
    mier Vingtiéme   und
3) Le Second Vingtiéme

zugleich ausgeſchrieben, die aufferordentliche
Vermögensſteuer alſo auf die Summe vom Jahr
1746 wiederum erhöhet und zum erſtenmal mit

H   der

der troſtloſen Klauſul verbunden worden, daß der
König ſich ausdrücklich vorbehalte, ſie ſo lange
fortheben zu laſſen, bis ein ſolcher Theil der
Staatsſchulden zetilget ſeyn werde, daß die ordentlichen Kroneinkünfte zu allen übrigen Staats-
ausgaben hinreichen.   Doch ſoll der zweyte
Bingtiem mit dem Jahr 1781 aufhören.

Die Erforſchung des Vermögens der Unterthanen, zu Regulirung dieſer Steuer, welche
durch Finanzbediente geſchiehet, iſt, nach dem
eigenen Geſtändniß der Franzoſen, mit unleident-
lichen Kränkungen und willkührlichen Schätzungen verknüpft, welche die Parlamenter in ihren
Remonſtrationen oft lebhaft genug geſchildert,
und aus dieſem Grunde auf die gänzliche Aufhebung der Vermögensſteuer gedrungen haben.

Vornehmlich hat das Parlament von Tou-
louſe im Jahr 1756 dem Könige zu Gemüthe geführet; die Vermögensſteuer würde dem Eigen-
ſinn der abgeordneten Schätzer, dieſer verächtli-
chen Unterbedienten preiß gegeben, welche ohne
Einſicht, und ohne ſich einiges Gewiſſen zu machen, den heimlichen Befehlen folgten, womit
ſie verſehen ſeyen.   Die Schätzungen, mit welchen dieſe Leute den Werth der beweglichen und
uns

unbeweglichen Güter beſtimmten, ſeyen blos
willkührlich; und dennoch würden nach dem
Plan eines ſolchen Schätzers die Abgaben einzig
und allein beſtimmet. Das Volk würde ſo lange unerträglichen Behandlungen ausgeſetzt ſeyn,
bis man jeden Beſteuerten in eigener Perſon,
oder ſtatt deren erfahrne Landleute gegen die
Schätzer im Schätzen verfahren laſſe; ob wohl
dieſe bey nahe gerichtliche Erörterung äußerſt
langweilig und beſchwerlich ſeyn müßte. Dieſe
das Volk zu Grund richtende Steuer, worunter
Frankreich ſeufze, würde überhaupt nicht erträg-
lich werden können, bis man die Art ihrer Erhebung gänzlich abſchaffe.

Dergleichen Remonſtrationen erſcheinen nach-
her noch öfter, beſonders vor der berühmten
Parlamentsreform, und in dem ſchon angezogenen Steueredikt vom November 1771 ſiehet der
Hof ſelbſten dieſe Fehler ſeiner Finanzeinrichtun-
gen ein, und verſpricht ſolchen Mängeln, wie
überhaupt allen eingeſchlichenen Misbräuchen
nach und nach abzuhelfen. — Dieſes mag genug
ſeyn, das Nachtheilige der Vermögensſteuer be-
greiflich zu machen.

§. 58.

§. 58.

Von Loens Haussteuer.

Herr von Loen hat den Vorschlag gethan, die Unterthanen nach der Größe ihrer Häuser, oder nach der Menge der bewohnenden Zimmer zu besteuern, weil er glaubte, daß man von diesem einen richtigen Schluß auf das Vermögen des Bewohners machen könne. Wann man bey dem Landvolke vorzüglich die Größe der Scheuern und Vieheställe in Betrachtung ziehet: so möchte das Verhältniß noch so zimlich herauskommen; doch würde es an häufigen Ausnahmen von der Regel auch nicht fehlen; bey den in Städten wohnenden Professionisten aber, lässet sich, wie ich wenigstens glaube, nicht allezeit ein sicherer Schluß von der Größe der Werkstatt auf den Ertrag des Gewerbes machen. Eine solche Auflage dürfte auch den Vater vieler Kinder vorzüglich belästigen, die Hausmiethe sehr vertheuren und der Bevölkerung merklich schaden.

Die in den meisten Ländern gewöhnliche Haussteuern weichen von dieser merklich ab, und gehören im engsten Verstand nicht unter die persönlichen Auflagen; um der Namensähnlichkeit willen aber will ich von diesen hier noch ein

Wort

Wort reden und ihrer ſodann gar nicht mehr
erwähnen.

Schlettwein ſagt von dieſer Steuer, daß ſie
in ihrem Grunde eben ſo fehlerhaft und ſchädlich
ſeye, als die Kopfſteuer. Man fordere ſie von
Gegenſtänden, welche durch ſich ſelbſt ihren Be-
ſitzern und dem Staate nichts eintragen; deren
Wirklichwerdung und Erhaltung nur Unkoſten
verurſache, und die man nur zu ſeiner Subſiſtenz
und Nutzung anderer Produkte brauche. Mithin
müſſe eine Schatzung, die man auf Häuſer
und Gebäude lege, die Unkoſten, welche um der
Subſiſtenz oder Nutzung anderer Dinge willen
gemacht werden müſſen, nur vergröſſern, ohne
daß dadurch die Urſachen zur Vermehrung der
Produkte ſelbſt zunehmen. Und ich muß es bekennen, daß ich gegen dieſe Gründe nichts er-
hebliches einzuwenden weis.

Wann man die Hausſteuer auch nicht mit
einer beſſern Auflage vertauſchen kann oder will:
ſo wäre es doch vielleicht gut, wenigſtens die
Auflage jener Häuſer nicht zu erhöhen, welche
reparirt, verſchönert oder vergröſſert werden.
Man wird die Leute dadurch mehr zum Bauen
aufmuntern. Auch iſt der Luxus im Bauen für

den

den Staat der allerunschädlichste und verbleibt
nicht durch Auflagen eingeschränkt zu werden.

§. 59.

Rauchfanggelder und Rauchschatzungen.

Das Rauchfanggeld, eine Taxe, wel-
che sich nach der Anzahl der Feuerstellen richtet, ist mit der erstbeschriebenen Auflage ganz
von einerley Natur; und aus gleichen Gründen
möchte ich sie also nicht gerne empfehlen.

Im Hochstift Osnabrück werden die außerordentlichen Anlagen alle Jahre auf die Feuerstellen ausgeschrieben, und erhalten daher den
Namen Rauchschatzungen.

§. 60.

Hauptrecht.

Hauptrecht, Todfall oder Beßhaupt ein
Ueberbleibsel aus den Zeiten der Knechtschaft,
ist aus zweyerley Ursachen eine sehr schädliche
Auflage. Nicht nur schadet sie dem Armen bei
dem Reichen merklich zu spüren, sie greift auch
den Fond der Produktion, und das sonderbare
Ver mögen selbst, und ist nicht bloß ein Theil
der Produktion.

Bes

§. Bekanntlich wird dieſe Abgabe ſo erklärt, daß ſie in dem beſten Stück Vieh des Verſtorbenen beſtehe. An einigen Orten iſt durch des Mannes Tod das beſte Pferd, und durch den Tod des Weibes die beſte Kuh verfallen. Das beſte Stück Vieh des Armen, es ſeye ſo wenig werth, als es wolle, wird immer noch ein größerer Theil ſeines Vermögens ſeyn, als das beſte Stück des Reichen. An vielen Orten hat man eine Geldabgabe dafür eingeführet, welche ſich beſſer nach dem Vermögen der Unterthanen richtet, dennoch aber der erſten Idee gemäß, welche man ſich von dieſer Auflage gemacht hat, bey dem Reichen nicht über den Werth eines guten Pferdes ſteigt, und bey dem Armen nicht unter einen gewiſſen z. B. den 20ten Theil ſeiner Verlaſſenſchaft herunterfället. Von einem Unterthan, welcher 6000 fl. Vermögen hinterläſſet, wird alſo nur beyläufig der 75ſte oder 70te und von einem Armen der 20ſte Theil, und mithin faſt viermal ſo viel erhoben. Welche Proportion! — Schletterwein hat dieſes vor mir ſehr ſchön und viel ausführlicher erwieſen.

§. Ein nicht geringer Nachtheil dieſer Auflage iſt, daß ſie öfters von Wittwen und Waiſen juſt zu der Zeit bezogen wird, da ſie durch den Tod

ihres Vaters ohnehin in das größte Elend verse-
tzet worden, und kaum die Beerdigungskosten
aufzutreiben vermögend sind.

Der Kleiderfall, ein Accidenz der Beamten,
welches in dem 4ten oder 5ten Theil dieser Abgabe
bestehet, vermehrt die Last des Armen noch mehr.

Zu Speyer wurde vormals den Verstorbenen die rechte Hand abgeschnitten und dem Herrn
zugestellet, wann die Verlassenschaft nicht zu
Abtragung dieser Gebühren hinreichte. Lobred-
ner der alten Zeiten! zeigt uns in unsern Tagen
noch solche Schandflecken der Menschheit!

Sleidan erzählt im 5ten Buche seiner Ge-
schichten, daß die Abschaffung dieser Auflage einer der hauptsächlichsten von denjenigen Artikeln
gewesen, welche die aufrührischen schwäbischen
Bauern im Jahr 1526 öffentlich bekannt mach-
ten. Ist es nicht ein redender Beweiß von dem
Beschwerlichen solcher Abgabe?

Väter unseres deutschen Vaterlandes!
dieses vor allen andern Ländern glücklichen Erd-
striches — Ihr habt eure Unterthanen aus
der Knechtschaft entlassen, und herrschet nun
über ein freyes Volk, welches Euch kind-
lich liebt, sich und Euch Reichthümer er-
                                    wirbt,

wirbt, und mit Freudigkeit Leib und Leben für
Euch aufopfert, weil es zugleich für ein Va=
terland, worinnen es glücklich ist, und für
einen Fürsten kämpft, in welchem es seinen
allgemeinen Vater erblickt; statt daß vormals
Sklaven mit den Gedanken erwachten und auf
ihre Streu sich wieder niederlegten, die Eingewei=
de ihres Tyrannen zu durchbohren und dadurch
ein unerträgliches Joch abzuwerfen! — Erlaßt
euren Kindern diese unsrer Zeiten so unwürdige
Auflage, oder verwandelt sie in eine gleich aus=
getheilte jährliche Abgabe, und vertilgt dadurch
ganz das Andenken an jene dunkle Tage, welche
unsere Väter durchseufzten und — verfluchten!

An der Möglichkeit dieses Unternehmens ist
wohl nicht zu zweifeln. Man kann aus Rech=
nungen genau erforschen, was dieses Gefälle in
20 bis 30 Jahren in einem Orte ertragen hat,
mithin auch ein jährliches Aversionsquantum
leicht bestimmen und auf die Einwohner aus=
schlagen. Um den Beamten zu entschädigen,
darf man nur den Betrag seines Accidenzes dazu
schlagen, und um eben so viel seine Besoldung
erhöhen.

H 5   §. 61.

§. 61.

Handlohn.

Das Handlohn, Laudemium, Lehen=
waare 2c. ist ein Gefälle, welches bey Verän=
derung der Güterbesitzer, besonders von Bauern=
gütern, dem Lehenherrn von dem neu aufgenom=
menen Lehensmann, oder auch öfter von den Er=
ben des Verstorbenen gereichet werden muß. Es
bestehet bisweilen in einer für beständig ange=
nommenen Summe, noch öfters aber in dem
10ten 15ten oder 20ten Theile des Kaufgeldes,
oder durch eine Schätzung erkundigten wahren
Werthes des Gutes. In den vereinigten Nie=
derlanden muß von den Kaufgeldern der liegen=
den Gründe, unter welche man auch die Schiffe
rechnet, die über 4 Lasten groß sind, der 40ste
Pfennig an den Staat bezahlet werden.

1. Obgleich dieses Gefälle nicht den Personen an=
klebet, wie z. E. die Leibeigenschaft, sondern
von der Beschaffenheit der unbeweglichen Güter
abhänget; so setze ich es doch unter die persönli=
chen Auflagen, weil es nicht aus dem jährlichen
Einkünften der Güter erhoben; sondern das
durch die Veränderung des Besitzers fällig wird.

Seinen Ursprung aus der alten Lehensverfassung oder der Verleihung der Bauerngüter abzuleiten, gehöret nicht zu meinem Zweck, und wem es um vielerley Benennungen dieser Abgabe und ihre mannigfaltige Modifikationen zu thun ist, der findet Schriftsteller genug zu seiner Belehrung.

Das Handlohn verdienet einen vorzüglichen Rang unter den nachtheiligen und beschwerlichen Auflagen. Es verhindert den Regenten durchaus eine gerechte Gleichheit unter den Abgaben seiner Unterthanen herzustellen und zu erhalten, da sein mehrerer oder geringerer Betrag blos von der zufälligen Veränderung der Güterbesitzer abhängt. Es wird nur in großen Summen bezahlt, ergreift das steuerbare Vermögen der Unterthanen selbst, da es meistentheils ein beträchtlicher Theil desselben ist. Besonders, wann der Bezug des Todfallhandlohns herkömmlich ist, kann im unglücklichen Fall das handlöhnige Gut der Herrschaft in 10 oder 15 Jahren ganz heimfallen. Oefters aber muß sich der Grundherr gefallen lassen, in seiner ganzen Lebenszeit von einem solchen Gut gar kein Handlohn zu erhalten. Ich betrachte es also nicht als etwas, sondern nur als eine Casus

Das Willkührliche, welches sowohl der Schätzung der handlöhnigen Güter, als besonders dem
Handlohnsbezug selbsten anhängt, ist nicht die
geringste seiner Unbequemlichkeiten. Es sind
Fälle möglich, wo auch ein geübter Verstand irre wird. Nicht selten glaubt ein Beamter da
kein Handlohn beziehen zu dürfen, wo ein anderer durch subtile Distinktionen zwey herausbringt.
Die Eichstättische Handlohnsordnung, welche Bischoff Johann Eucharius im Jahr 1689
erneuern ließ, mag diesen Satz evident beweisen.
Gleich im Eingang dieser Verordnung wurde ge-
klagt, daß jedes Amt sich seine eigene Observanz
gebildet habe, und man fand für nöthig zu erklären, was eine wahre Veränderung des Guts-
besitzers seye, welche einen Handlohnsbezug nach
sich ziehe. Doch siehet die heutige Observanz
dieser Verordnung abermal nicht recht ähnlich.

§. 62.

Dessen Verwandlung in jährliche Abgaben.

Die Verwandlung der Handlöhner in jährliche
beständige Abgaben ist kein neuer Gedanke; man
hat ihn schon hie und da ausgeführet; mit Nutzen
und Leichtigkeit ausgeführet. Ich will also dabey nicht lange verweilen, sondern nur eine Cau-

ſel berühten, welche bey dieſer Operation vielleicht nicht überflüſſig iſt.

Oben (im erſten Abſchnitt §. 13.) haben
wir ſchon angenommen, daß eine unſchädliche
Auflage (ſie kann ſchädlich ſeyn in Abſicht des
Regenten und in Abſicht des Unterthanen) mit
dem relativen Geld und Waarenpreiße in einem
genauen Verhältniſſe ſtehen müſſe. Bey dem
Handlohn, welches ſich nach dem jedesmaligen
Werth des Guthes richtet, treffen wir dieſe Eigenſchaft allerdings an ; wird ſie uns aber auch
eine jährliche nach Gulden oder Thalern beſtimm-
te Geldabgabe ebenfalls nicht verſagen? Ich
zweifle ſehr. Wann der alte zinniſche Münz-
fuß jemals wieder hergeſtellet werden ſollte : ſo
würde der Unterthan durch eine ſolche in unſern
Zeiten und nach unſerm Münzfuße regulirte
Geldabgabe ſehr beſchweret werden ; ſo wie im
Gegentheil der Grundherr ſehr zu kurz kommen
würde, wann wieder Kipper = und Wipper=
zeiten einfallen ſollten, wie ſie unſere Väter
ums Jahr 1621. und wir in dem letzten deutſchen Kriege erlebten.

Eine Naturalabgabe an Getraidfrüchten möchte vielleicht dieſem Mangel abhelfen ; denn ein-
                                                   zel-

zelue Jahrgänge und ausserordentliche Zufälle
(die aber nie zur Regel gehören) ausgenom=
men, erhalten sich doch die Preiße der Natur=
Produkte immerdar in einem richtigen Verhält=
niß mit dem Preiß der Grundstücke und mit dem
wahren Werth der Münzen.

§. 63.

Frohndienste.

Frohndienste mit der Hand oder mit dem
Anspann verrichten, heißt für den Landesherrn
arbeiten und den dazu erforderlichen Aufwand oh=
ne Wiederersatz selbsten bestreiten; mit einem
Worte also: Abgaben entrichten.

In dieser Rückficht nennt das Parlament
zu Toulouse die Frohndienste eine Nebensteuer.
Eben dieses Parlament und die Finanzkammer
der Grafschaft Burgund haben im Jahr 1756
dem König in Frankreich vorgestellet, die Bau=
ersleute und Taglöhner würden zu der Zeit, wel=
che zum Säen, zum Anbau der Weinberge und
zur Erndte bestimmt seyen, zum Frohnen ange=
halten, hierdurch aber ihre Gesundheit geschwä=
chet, ihr Vieh durch die übermäßige Ermüdung
zu Grunde gerichtet, und dieselben von dem
Acker=

Aсkerbau in ſolchem Grad abgeſtrecket, daß wirklich der ſo öfters in Frankreich ſich äußernde Getraids mangel auch von ſolchen Frohndienſten herrühre; der Aсkerbau würde auch nimmermehr wieder her-geſtellet werden, wann man ſie nicht auf alle künftige Zeiten abſchaffe. Von dieſen nachthei-ligen Folgen der Frohndienſte überzeugt, hat man ſie in Frankreich iu Jahr 1776 auch wirklich aufgehoben, den Dank der Nation und den Bey-fall der halben Welt dafür eingeerndtet, und — ſie gleich darauf wieder eingeführt.

- Ueberzeugender kann man das Beſchwerlſche dieſer Auflage nicht ſchildern, als Herr Schlett-wein, beſonders im zweyten Theil ſeiner wichs-tigſten Angelegenheit für das Publikum gethan hat. Ich verweiſe alſo meine Leſer da-hin, faſſe mich hier deſto kürzer und trage nur noch aus ſeinem Munde ein paar Nachtheile vor, welche in der Remonſtration des Parlaments zu Toulonſe nicht deutlich angezeiget ſind.

Für einen andern zu arbeiten, ohne ſich durch ſein eigenes Intereſſe dazu bewogen zu finden, iſt jedem Menſchen ſeiner Natur nach eine Laſt; und der Verdruß, den er dabey empfindet, macht, daß ſolche Arbeiten nicht mit eben der Vollkom-men-

menheit und Geschwindigkeit verrichtet werden,
als wann er sie freywillig verrichtete, dieses ist
die Ursache, warum man sicher mit zwo Lohn=
fuhren und zween Taglöhnern eben so viel aus=
richten kann, als mit drey Frohnfuhren und drey
oder vier Handfröhnern. Wer es mit angesehen
hat, wie die Hofbediente und andere dergleichen
Leute mit den Frohnfuhren wirthschaften, der wird
hinlänglich überzeugt seyn, daß auch von der
Seite die Frohndienste ohne Noth vermehret wer=
den, und die Aufseher über das Frohnwesen, las=
sen sich vielleicht auch zu ihrer Bequemlichkeit
manchen Dienst leisten.

Die schädlichste Folge dieser Auflage aber ist
diese, daß sie die Viehzucht, diese hauptsächlich=
ste Stütze des Ackerbaues, gar sehr schwächet.
Man muß es mit eigenen Augen angesehen und
das Raisonnement der Bauern öfters mit ange=
hört haben, um von dieser Wahrheit lebhaft ge=
nug überzeugt zu seyn. Ungemessene Frohnfuh=
ren werden den Dorfschaften insgemein nach der
Anzahl ihres Anspannes zugetheilt. Will nun
ein Landmann junges Zugvieh nachziehen und er
fängt an es einzuspannen: so sind seine Ge=
meindsleute gleich hinterher, und nöthigen ihn,
zu ihrer gemeinsamen Erleichterung, auch mit
diesem

dieſem zu dienen. Frohnfuhren ſind aber öfters
wegen des weiten Weges und der ſchlimmen
Witterung äußerſt beſchwerlich, und der Lands
mann muß Gefahr laufen, durch eine einzige
ſolche Fuhr ſein junges Vieh auf immer zu rui
niren. Dieſes hält ihn nicht nur ab, mehr Vieh
zu halten, als er zur höchſten Nothdurft braucht,
ſondern auch insbeſondere davon, junges Zug
vieh nachzuziehen. Wohnen aber in einem Dor
fe noch Unterthanen fremder Grundherrſchaften,
welche keine Frohndienſte leiſten dürfen: ſo ziehen
dieſe deſto mehr Vieh, und benutzen die gemeinen
Weidplätze deſto beſſer, während daß jene frohnen.

Noch trift es ſich öfter, daß ein Unterthan
5 bis 6 Stunden weit fahren muß, ehe er nur
an den Ort kommt, wo er ſeinen Dienſt leiſten
ſolle. Dieſer iſt alſo nocheinmal ſo übel daran,
als ein anderer, welcher eine bequemere Lage
hat.

§. 64.

Dienſtgeld.

Schon lange hat man den Schaden der Frohn
dienſte eingeſehen, und ſie an mehrern Orten in
ein Dienſtgeld verwandelt; nicht allezeit aber

hat

hat man hiebey den besten Weg eingeschlagen.
Gemeiniglich theilet man das Dienstgeld auf die
Köpfe der Handfröhner, und auf die Zahl des
Anspannviehes aus, und verfehlet dadurch den
Hauptvortheil, die Viehzucht zu unterstützen.
Diese kann niemals zu ihrer wahren Stärke ge-
langen, so lange der Landmann einer beträchtli-
chen Auflage unterworfen ist, welche sich mit
der Zahl seines Viehes vermehret.

Herr Schlettwein hat vorgeschlagen, das
einzuführende Frohngeld unter die Unterthanen
nach der Qualität und Quantität ihrer besitzenden
Grundstücke zu vertheilen, und ich muß diesem
Vorschlag um so mehr beyfallen, als: uns Herr
Pfarrer Meyer in seinen Schriften versichert,
daß man diese Methode im Amte Kupferzell
wirklich befolgt, und nicht nur thunlich; sondern auch sehr nützlich befunden habe.

Es giebt Unterthanen, welche nur gemessene
Dienste zu prästiren haben, und diese verursachen
bey Regulirung des Dienstgeldes allerdings
Schwürigkeiten; doch sind sie nicht unübersteiglich.
Gemessene Dienste sind keine persönliche Last,
sondern sie haften allezeit auf besondern Bauern-
gütern. Für die Besitzer solcher Güter muß als,

so

ſo ein beſonderes Dienſtgeld beſtimmet werden,
welches der Anzahl ihrer ſchuldigen Frohndienſte
angemeſſen iſt.   Hat nun ein ſolcher Gutsbeſi-
tzer auſſer ſeinem mit gemeſſenem Dienſte beladenen Hofe oder Lehen noch eigene Güter, zu deren Anbauung er folglich mehr Anſpann halten
muß, als ſein Hauptgut erforderte : ſo iſt er ohne allen Zweifel von dieſem ungemeſſene Dienſte
zu leiſten verbunden, und man kan ihn alſo in
Anſehung dieſer weitern Beſitzungen mit dem
Dienſtgelde den übrigen Unterthanen gleich
halten.

Noch eine dritte Repartition des Dienſtgel-
des beſtehet, darinnen, daß man die Unterthanen,
nach dem Maas ihrer Grundſtücke überhaupt in
ganze Bauern, Halbbauern, Söldner ꝛc. klaſſi-
ficirt, und jeden Klaſſe ein beſonderes Dienſtgeld beſtimmt.   Die Proportion wird hierdurch
freylich nicht ſo genau erreichet, wie durch die
vorherbeſchriebene Art ; wo aber die beſondere
Landesverfaſſung (dieſer Fall iſt gar wohl möglich) jener Methode wirklich unüberſteigende
Hinderniſſe in den Weg legt, iſt dieſe doch der
allererſten vorzuziehen.   Die Gründe habe ich
gleich zu Anfang dieſes §. beygebracht.

§. 65.

Englische Taxe von Vergantungen.

Wie uns die Zeitungsblätter versichern : so
hat man in England letzhin eine Taxe auf die
Vergantungen und Verganter (wird so viel
heissen sollen, als Gantirer) gelegt :: die Nachrichten aber sind zu unvollständig, als daß man
sich hieraus einen richtigen Begriff von dieser un-
regelmäßigen Auflage machen könnte. Wann bey
Vergantungen billig verfahren wird : so wird des
Gantrers ganzes Vermögen unter die Gläubiger
ausgetheilet; er kann für sich nichts behalten, und
mithin auch keine Taxen erlegen : die Taxe aus
der Gantmasse erheben, ist hingegen eben so viel,
als die Gerechtigkeit verkaufen, und den Gläubi-
gern von dem Wenigen, was sie an ihrer Forde-
rung etwa noch zu erhalten hätten, noch einen
Theil abziehen.

§. 66.

Abgaben von Erbschaften, Proceßsummen, Gerichtssporteln und Stempelpappier.

Der Kaiser Caligula ließ den 40sten Theil
der Proceßsummen als eine Anlage erheben.
Diese Auflage ist eben so unbillig als die vorige,

Doch ließe sich bey ihr noch der wahrscheinliche
Nutzen denken, daß sie zu Verminderung der
Processe etwas beytragen könnte. Eine ähnliche
Auflage existirt in Frankreich: Les droits re-
serrés dans les cours, chancéleries et autres
Jurisdictions sind der 10te Theil aller den Ge-
richtshöfen und Justizbeamten angewiesenen Ge-
richtssporteln, welcher von diesen in die königli-
che Schatzkammer geliefert werden muß. Auch
rechne ich hieher den 20sten Theil aller Erb-
schaften in der Collateral- und aufsteigen-
den Linie, welcher in den vereinigten Niederlanden an den Staat bezahlt werden muß,
und daß Stempelpappier, welches heut zu
Tage fast in ganz Deutschland, Niederlanden, Frankreich, England, Rußland,
Pohlen 2c. Mode ist, und in den vereinigten
Niederlanden bis auf 150 fl. steigt. Alle dergleichen Auflagen sind zu unregelmäßig, haben
zu viel zufälliges und willkührliches, und verwirren die Billanz zwischen dem Erwerb und
den Abgaben des Volkes zu sehr, als daß sie unter die nützlichen Auflagen gerechnet werden
könnten.

J 3　　　　　　§. 67.

§. 67.

Freywilliges Geschenk der Geistlichen.

Das freywillige Geschenke der Geistlich=
keit, welches in Frankreich zuerst das Licht
dieser Welt erblickte, ist wenigstens im Ertzstifte
Maynz eine persönliche Auflage. Wir wollen
die Untersuchung der Gründe für und wider die
geistliche Immunität einem Lochstein und Kon=
sorten überlassen: wann aber diese Immunität
wirklich unstichhaltig ist: so sollte man sie nicht
nur überhaupt, oder nach der Anzahl der Perso=
nen; sondern nach dem Maaß ihrer Besitzungen,
und Einkünfte zu besteuern suchen. Wann et=
was an der Geistlichkeit frey ist: so ist es ge=
wiß ihre Person; an ihre Güter aber möchte der
Staat allerdings gerechtete Ansprüche zu ma=
chen haben.

§. 68.

Nachsteuer und Contributio forensium.

Um das Auswandern der reichen Einwohner
zu verhindern, hat man fast allenthalben den
Bezug der Nachsteuer von dem hinwegbringen=
den Vermögen eingeführt, und in dem Herzog=
thum Calenberg müssen diejenige, welche die

Ein=

Einkünfte ihrer in diesem Fürstenthum gelegenen Güter in fremden Ländern verzehren, die sogenannte Contributionem forensium davon bezahlen, welche in der Hälfte der im Jahr 1686 üblich gewesenen Kontributionen bestehet. Allerdings ist dem Staate viel daran gelegen, daß die im Lande erworbene Reichthümer, nicht auf einmal und ohne Wiederersatz über die Gränzen gebracht werden; und aus diesem Grunde lässet sich diese Abgabe ganz wohl rechtfertigen. Nur demjenigen fället sie schwer, von dessen freyen Willen es nicht ganz abhängt, ob er im Lande bleiben oder wegziehen will.

§. 69.
Burgergelder.

Noch giebt es verschiedene Abgaben, welche für die Ertheilung des Bürgerrechtes gereichet werden müssen, * Burgergelder erheben und

J 4   die

* Daß das sogenannte Ungenossengeld hieher gehöre, und nicht so unkeuschen Ursprungs seye, wie Hr. Döhler in seiner Abhandlung von Domainen, Kontributionen ꝛc. §. 72. erst im Jahr 1775 noch andern nachbethete; hat der um die väterländische Geschichte so sehr verdiente Herr Hofrath Lang schon im Jahr 1773 im zweyten Bande der Materialien zur Oettingischen Geschichte recht ausführlich und evident erwiesen.

die Bevölkerung der Städte erschweren, ist einerley. * Das Beste an dieser Abgabe ist, daß sie nur einmal bezahlt werden darf.

* Ich kann mich hier nicht enthalten meinen Lesern eine Stelle aus einer alten Instruktion für den Stadtschultheißen mitzutheilen, welche mir erst kürzlich in die Hände gerieth, und mir um so willkommener war, weil sie einen praktischen Beweiß abgiebt, daß die Wahrheit dieses Satzes schon von unsern Vätern anerkannt wurde.

„Populirung des Stättleins.

„Dem mangel, So die leidige kriegs Zeit bey „denn Bürgern vnd Einwohnern im Stätt- „lein verursachet hat, solle Schultheiß mit „Hülff vnd zuthun deß Raths, aller möglich- „keit nach zu ersetzen, vnd zumahl allerhandtl „daugliche Handtwercks Leuthe einzuführen be- „fliesen sein, auff daß auch desto ehenter newe „Leuthe einzihen, So soll daß Bürger Gelldth, „so hiebevor Ein ieder newer Bürger mit 5 f. „bezahlen müssen, bieß zu künfftiger völliger „ersetzung vnd Eestauration der Bürger- „schafft, auff Ein güllden hiemit moderiret „sein, vnd vom Schultheißen Ein mehrers „zu fordern, oder zu nehmen, nicht verstattet „werden.„

Drit-

Dritter Abschnitt.

Is

Von Produktionsauflagen.

§. 70.

Definition der Produktionsauflagen.

Die **Produktionsauflagen** führen diesen
Namen nicht darum, weil sie von natürlichen
oder künstlichen Produkten erhoben werden; (in
so ferne ist zwischen ihnen und den Konsumtions=
auflagen kein Unterschied.) sondern weil sie der
Hervorbringer der Produkte nach dem Maase sei=
ner Produktion an den Staat abreichen muß, und
nur selten, oder fast gar niemal im Stand ist,
durch einen erhöheten Waarenpreiß einen Theil
davon auf die Verbraucher der Produkte zu wäl=
zen. Der Beweiß dessen kann hier nicht gleich an=
gebracht werden, er wird aber besser unten, bey
dem Territorialimpost nachfolgen.

§. 71.

Von den vortheilhaften Eigenschaften dieser Auflagen überhaupt.

Die **Produktionsauflagen** an und vor sich,
greifen den Fond der Produktion nicht an,
sie

hen, noch andere, besonders den Mauthen ei=
gene Plackereyen; sie belästigen den Kaufmann
nicht im geringsten und verstatten durchaus eine
ganz freye Handlung.   Mit Grunde der Wahr=
heit kann man also von ihnen sagen, daß sie der
Handlung nicht nachtheilig sind.

Daß die Produktionsauflagen leicht und oh=
ne großen Kostenaufwand erhoben wer=
den können, wird sich aus ihrer nähern Be=
schreibung von selbsten ergeben.

So lange die Produktionsauflagen in einem
gewissen Theil der reinen Produktion bestehen, so
lange erhalten sie sich auch mit der ganzen Pro=
duktion und eben dadurch mit dem relativen
Geld und Waarenpreiß in einem genauen
Verhältnisse.

Da sich mit dem Fleiß der Bürger auch ihre
Produktion und mit dieser zugleich auch die Pro=
duktionsauflage vermehret: so möchte es zwar
scheinen, als ob dadurch der Fleiß der Bürger
eher vermindert als vermehret werden könn=
te. Alleine so lange die Produktion einen gerech=
ten Theil des reinen Ertrages nicht überschreitet:
so darf man diese nachtheilige Folge wahrschein=

lich nicht befürchten. Wann z. B. die Auflage
$\frac{1}{5}$ Th. des reinen Ertrages beträgt: so werden
die übrigen $\frac{4}{5}$ welche sodann der Hervorbringer,
als ein wahres Eigenthum frey und ungekränkt
geniessen kann, seinen Fleiß hinlänglich aufmuntern, und es ist nicht mit Grunde zu besorgen,
daß er 4 fl. zurücke lassen werde, um 1 fl. an
seiner Auflage zu ersparen.

§. 72.

Fernere Vortheile samt einigen Unbequem-
lichkeiten derselben.

So lange die Produktionsauflagen nur als
eine Partikularsteuer für die produktive Klasse
betrachtet werden: so lange kann man auch sagen, daß sie gerade dem zur Last fallen,
der durch sie besteuret werden solle: so bald
man sie aber als einzige Universalauflage für alle und jede Staatsbürger gebrauchen will, versagen sie diese Wirkung. Die sterile Klasse kann
durch Produktionsauflagen nicht ändern besteuret werden, es müßten dann diese eine proportionirte Preißerhöhung jener Produkte erzeugen,
welche diese Klasse verzehrt. Da nun aber diese
proportionirte Preißerhöhung nicht statt findet:
(§. 74.) so ist also auch jede Produktionsauflage
un-

unfähig die einzige Universalauflage des Staats
zu seyn.

Wann auch gleich nicht alle und jede Produktionsauflagen so eingerichtet werden können,
daß sie ganz in die Klassen des Staats flies-
sen und nicht ein beträchtlicher Theil das
von sich in Nebenkanäle ergiesen: so ist
doch dieser Vortheil wenigstens den Auflagen
auf die Grundstücke gewiß nicht abzusprechen.
(S. 83.)

Kann eine Auflage auf einem sicherern
Grunde ruhen, als auf der Produktion selbsten? So lange im Staate Produkte erzeugt werden: so lange kann auch die Quelle seiner Einkünfte nicht versiegen.

Unter die Unvollkommenheiten dieser Auflagen gehöret es indessen, daß durch sie die durchs
Land reisende oder sich eine Zeit lang darinnen
verweilende Fremden nicht füglich besteuret
werden können, und daß man sie nicht wohl
in sehr kleinen Theilen erheben kann. Zwar
lässet sich jede Auflage in sehr kleinen Theilen erheben; aber bey Produktionsauflagen ist diese
Erhebung immer ein eigenes Geschäft, für den
Steuer-

Steuereinnehmer und Zahler. Der Unterthan
würde also dadurch viele Zeit unnöthig verlieh
ren, und der Staat die Bezugskosten vermeh
ren müssen. Bey Konsumtionsauflagen hin
gegen gehet es viel eher an, weil diese meistens
unter dem Kaufgelde der Waaren mit bezahlet
werden.

Es ist aber ein ausschließendes Vorrecht ei
niger Produktionsauflagen, daß man sie von
Gütern erheben kann, welche der künfti
ge Eigenthümer noch nicht ganz in seinem
Besitz und in seiner Gewalt hat. Ich be
rufe mich deswegen auf den folgenden 85. §.

Reste, Nachlässe und Moderationen
werden sich zwar auch bey diesen Auflagen öfters
ereignen; doch mag der §. 85. darthun, daß die
se Unbequemlichkeit wenigstens bey einer Gat
tung der Produktionsauflagen vermieden werden
könne.

Mit einem Worte, diese Art Auflagen hat
sehr viele Vorzüge vor andern, und beynahe al
le Kennzeichen nützlicher Auflagen an sich. Um
uns von dieser Wahrheit näher zu überzeugen,
wollen wir einige Gattungen derselben besonders
erwägen.

K   §. 73.

§. 73.

Schlettweins Beweiß, daß durch den Impost auf den reinen Ertrag der Ländereyen
alle Klaſſen von Staatsbürgern beſteuret werden.

Unter den Produktionsauflagen verdient die
Steuer von Grundſtücken, als Aeckern,
Wieſen, Gärten, Weinbergen ꝛc. die erſte Stelle, weil man bey ihr die Vortheile, welche im
vorhergehenden §. den Produktionsauflagen überhaupt zugeeignet wurden, vorzüglich in reichem
Maas antrift. D. Büſching giebt ihr das
Zeugniß, daß ſie unter allen Auflagen Eng-
lands die weiſeſte ſeye, und von der Lith,
dieſer eifrige Vertheidiger der Konſumtionsauflagen, ziehet ſie doch auf dem Lande und in
kleinen Städten allen andern Auflagen vor.

Begeiſtert von dieſen Vorzügen ſind einige
Neuere, beſonders Franzoſen auf die Gedanken
gerathen, man ſolle gar alle andere Auflagen ab-
ſchaffen und nur allein den reinen Ertrag der
Grundſtücke mit Abgaben belegen, weil nur die
erzeugte natürliche Produkte wahre Reichthümer
des Staats wären, und alle andere Gegenſtän-
de

de nicht ohne wesentlichen Nachtheil mit Abga=
ben beschweret werden könnten.

Schlettwein, der wärmste Vertheidiger die=
ses neuen Finanzsystems, sagt in der schon öfters
angezogenen Schrift: diese Auflage treffe alle
Klassen der Einwohner des Staats ohne Unter=
schied ihres Geschlechts, ihres Alters, ihrer Le=
bensart und ihrer Bestimmungen. Nicht der
Landmann allein seye es, der diesen Imposten
bezahle, sondern alle lebende Glieder des Staats
trügen daran in der allervollkommensten Propor=
tion, die möglich seye. Beweiß: Das Ganze
ist der Summe aller seiner Theile gleich. Wer
also von dem Ganzen eine Größe abziehet, der
ziehet sie von den Theilen des Ganzen zusam=
mengenommen ab. Er ziehet also von einem je=
den Theile etwas ab. Der reine Ertrag der Län=
dereyen aber entstehet, wann man den ganzen
Werth der herfürgebrachten Produktion zusam=
men nimmt und davon die ganze Summe der
Kulturauslagen abziehet. Wann also vom
reinen Ertrag eine Auflage erhoben wird:
so trift sie nach der Natur der Sache ei=
nen jeden, der zu dem angenommenen
Werthe der Produktion etwas beyträgt.
Dieses thun aber alle Klassen der Einwohner des

Staats

Staats, welche natürliche Produkte verbrauchen, und durch die Konsumtion und ihre Konkurrenz zum Einkaufe den Preiß der Produkte bestimmen. Fölglich tragen alle Klaffen das ihrige zur Wirklichwerdung des reinen Ertrags der Ländereyen in der Maaße bey, als sie von dem Reichthum des Staats Gebrauch machen. Mithin leiden auch alle Klaffen an dem Imposten, der von dem klaren Ertrag der Produktion erhoben wird.

§. 74.

Zweifel gegen die Richtigkeit dieses Beweises.

So wahr es auch ist, daß wann man etwas von dem Ganzen in so ferne das Ganze aus allen seinen Theilen, zusammengenommen bestehet, abziehet, man es auch von allen seinen Theilen abziehe; so wenig kann man sagen, daß durch die Auflage auf den reinen Ertrag der Grundstücke wirklich etwas von der Produktion abgezogen werde.

Zwar wann in einem Staate, welcher blos von seinen selbsterzeugten Früchten leben muß, und aus benachbarten Ländern keine Zufuhr zu hoffen hat, von der ganzen Produktion etwas abgezogen wird, und — welches wohl zu mer-

ken

ten ist — nicht wiederum in den Umlauf kommt,
sondern dem Kommerz und der Konsumtion auf
ewig entrissen bleibt : so würde es auch von allen ihren Theilen abgezogen, folglich die ganze
Produktion vermindert, der Werth des Produktes erhöhet, und also jedes Staatsglied, welches
an der Konsumtion dieser Art Produkten Antheil
nimmt, dadurch mit einer Abgabe belegt. Wann
ich aber nur einer Klasse einen Theil der Produktion entziehe und dagegen wiederum an eine
andere überlasse oder verkaufe : so kann ich nicht
sagen, daß ich etwas von dem Ganzen hinweg-
nehme, oder die Masse verringere.

Wir wollen den Fall annehmen, der Staat
erhebt seine Auflage von dem reinen Ertrag der
Grundstücke : so wird er sie entweder gleich an
Früchten erheben, oder sich von der produktiven
Klasse den wahren Werth dafür mit Geld bezahlen lassen. Erhebt er sie an Früchten, so kann
er seine Bedürfnisse nicht vollkommen damit bestreiten ; sondern er muß sie entweder ganz, oder
zum Theil verkaufen. An wen verkauft er sie
aber ? An die sterile Klasse ; dann die produktive
Klasse ist schon damit versehen, und kauft also
nichts. Indessen wollen wir ferner annehmen :
Die ganze Produktion des Staats seye 20 M-

Die eigene Konsumtion der produktiven Klasse
$\frac{10}{20}$ Th. Die Konsumtion der sterilen Klasse auch
$\frac{10}{20}$ Th. und die Auflage $\frac{2}{20}$ Th. Wann also keine Auflage existirt : so kann die produktive Klasse
$\frac{10}{20}$ Th. entbehren, und die sterile Klasse braucht
eben so viel : jene verkauft also diese Summe,
und diese erkauft sie.   Muß hingegen die produktive Klasse $\frac{2}{20}$ Th. als Auflage an den Staat
abgeben, und $\frac{10}{20}$ Th. selbst konsummiren : so
kann sie nur noch $\frac{8}{20}$ Th. verkaufen, und ist
also wirklich um $\frac{2}{20}$ Th. ärmer. Die sterile Klasse, welche keine Auflage bezahlt, braucht
$\frac{10}{20}$ Th. : daran erkauft sie von der
Rentkammer . . . . $\frac{2}{20}$ Th.
und von der produktiven Klasse . . $\frac{8}{20}$ Th.

$$\text{Thl. } \frac{10}{20} \text{ Th.}$$

Nun frage ich, ob der sterilen Klasse dadurch
etwas abgehet ? Ich glaube nicht ; dann ihr
Bedürfniß und die Menge verkäuflicher Produkte bleiben sich, der Auflage ohngeachtet, gleich;
wo aber die Menge der Käufer und die Menge der verkäuflichen Waaren gleich bleiben, da
bleiben auch die Preise gleich.

Ein anderes wäre es, wann die an den
Staat als Auflage abgegebene $\frac{2}{20}$ Th. der Pro-

E 2   duktion

duktion vernichtet würden, und für die Einwohner verlohren giengen; alsdann würde die Menge verkäuflicher Produkte nur $\frac{8}{20}$ Th. das Bedürfniß der sterilen Klasse aber doch $\frac{10}{20}$ Th. und
diese also genöthiget seyn, solche um $\frac{2}{20}$ Th. theurer zu erkaufen, folglich die ganze Auflage allein
zu bezahlen, so wie in jenem Falle die produktive Klasse auch allein besteuret wird. Beständig
aber beliebe man an die Voraussetzung zu denken, daß der Staat von seinen eigenen Produkten leben müsse, und keine Zufuhr aus benachbarten Ländern zu hoffen habe; denn außerdeme
ist auch unter diesen Umständen, die Preißeserhöhung nicht sicher zu vermuthen.

Erhebt hingegen der Staat die Auflage an
Geld; so muß die produktive Klasse, so bald der
Steuertermin eintritt, $\frac{2}{20}$ Th. ihrer Produktion
gleich an die sterile Klasse, und vielleicht wohlfeiler als außerdeme, verkaufen, um nur die
Auflage bezahlen zu können. Zwar sind nachhe-
ro nur noch $\frac{8}{20}$ Th. zum Verkauf vorhanden;
dagegen aber sucht die sterile Klasse auch nur noch
$\frac{8}{20}$ Th. weil sie schon $\frac{2}{20}$ Th. vorher erkauft hat.
Der Preiß des Produktes steigt also nicht, ohn-
erachtet jene Klasse den Werth von $\frac{2}{20}$ Th. ihrer
ganzen Produktion, ohne Ersatz in die Kassen

des

des Staats abgeben mußte, und mithin bey einer gleichen Produktion um 20 Procent weniger Einkommens hat, als vor Einführung der Auflage. Dann $\frac{2}{20} : \frac{10}{20} = 20 : 100.$

Wann es schon wahr ist, daß alle Einwohner des Staats, welche natürliche Produkte verbrauchen, durch die Konsumtion und ihre Konkurrenz zum Einkaufe, das ihrige zu Bestimmung der Preiße mit beytragen: so ist deswegen doch noch nicht erwiesen, daß sie, um deswillen an der Auflage mit tragen, welche auf den reinen Ertrag der Ländereyen gelegt wird. Um dieses zu beweisen, müßte man erst darthun, daß nicht nur das Verhältniß zwischen der Menge des zirkulirenden Geldes und der Menge verkäuflicher Produkte den Preiß der Waare bestimme, sondern daß die Abgabe, welche dem Hervorbringer aufgelegt wird, unmittelbar eine Preiserhöhung erzeugen könne: dieses aber hat, meines Wissens, noch Niemand bewiesen.

§. 75.

Zweyte Einwendung gegen denselben.

Um sich davon recht lebhaft zu überzeugen, daß die Preise inländischer Naturprodukte fast ganz

ganz allein von der Konkurrenz der Käufer und
Verkäufer abhange, darf man nur zuweilen
Kornschrannen und Viktualienmärkte besuchen.
Oft giebt der Landmann seine Feilschaft gegen
das Ende des Tages noch um einen viel geringern
Preiß ab, als er sie anfänglich hätte verkaufen
können, aber nicht verkaufen wollte, weil er eine Preiseserhöhung hoffete. Zwar kann er seine
Produkte, wann ihm der Marktpreiß zu geringe
ist, wiederum mit nach Hause nehmen; aber
dieses Mittel ist für ihn so nachtheilig, daß er
es gewiß nicht ergreift, wann ihn nicht ein fast
enormer Verlust dazu nöthiger. Er hat nun
schon einmal den Transport übernommen, Zölle
und andere Abgaben entrichtet und seine Zeit
versäumt. Alles dieses ist umsonst gethan und
aufgewendet, wann er seine Waare nicht los-
schlagen kann; und gleichwohl ist er nicht gesi-
chert, ob der Preiß nicht noch tiefer fallen werde. Er läßt sich also viel lieber einen zimlichen
Verlust gefallen, ehe er sich entschließt seine
Waare wiederum mit nach Hause zu nehmen.
Nicht selten verstattet ihm auch der Geldmängel
dieses durchaus nicht. Daher entstehen die beständigen Veränderungen dieser Waarenpreise.
Ein rauer Frost im Frühejahr, 8 Tage lang Re-
genwetter in einem kritischen Zeitpunkt bringen

K 5   oft

oft den Landmann auf den Gedanken, es möchte
ein Mißjahr geben: er bleibt also mit seinem
Getraide zu Hause und will beffere Preife abwar=
ten; die Käufer erfcheinen indeffen doch und
wollen kaufen, finden aber wenig Waare und
der Preiß fteigt zufehends.

Die meiften Schriftfteller, befonders aber
von der Lith und Leib wollen diefe Wahrheit
auch nicht einfehen. Sie glauben, weil der
Kaufmann, welcher fremde Waaren verkauft,
jede Abgabe auf den Preiß fchlägt, und alfo auf
die Käufer wälzet: fo könnte fich auch der Land=
mann in Anfehung feiner erzeugten Produkte die=
fer Laft eben fo leicht entledigen; allein fie be=
denken nur den wefentlichen Unterfchied zwifchen
dem Handel mit innländifchen und fremden Pro=
dukten nicht genug. Bey jenen ift, dem ordent=
lichen Lauf der Natur nach, (Mißwachs und an=
dere dergleichen Zufälle find immer Ausnahmen,
und dürften bey Gründung der Regel nicht mit
in Anfchlag kommen) ftets der verkäufliche Vor=
rath größer, als das Bedürfniß der Käufer; und
die Anzahl der Verkäufer übertrift die Menge
der Käufer. Dann wann im Staate nicht meh=
rere Produkte erzeugt werden, als feine eigene
Einwohner zu ihrer Nothdurft brauchen: fo kam
er

er nichts mehr an die Ausländer für die von ih=
nen erkaufende Waaren abgeben, und nahet sich
seinem Untergange. Der Landmann bringt so
viele Produkte hervor, als ihm nur immer möglich
ist, und nach Abzug des wenigen, was er zu sei=
nem eigenen Unterhalte nöthig hat, ist er ge=
zwungen alles übrige, und öfters bald möglichst
zu verkaufen; auch erlaubt ihm bisweilen seine
ganze Verfassung nicht einmal weit entfernte
Marktplätze damit zu besuchen. Wie kann es
also von ihm abhängen, ob er die Auflage auf
den Preiß seiner Waaren schlagen will?

Bey dem Handel mit fremden Waaren hinge=
gen ist das Verhältniß völlig umgewandt: Die
Käufer sind viel zahlreicher als die Verkäufer;
der Vorrath kann niemals das

die

Waare um die   Preiß nicht
                                     bt er nichts mehr
davon, sondern ändert seine Handlungsart
Alle die an seinem Wohnungsorte mit eben die=
ser Waare handeln, müssen insgemein mit ihm
gleichen Ankauf, gleiche Abgaben und Transport=

kosten

kosten prästiren, und eben deswegen auf gleiche
Preiße halten. — Man betrachte zum nähern
Beyspiele nur den Wein. So unbeständig und
zufällig der Preiß des jungen Weines in seinem
Vaterlande ist; eben so dauerhaft und fix ist der
Preiß des alten Weines in einer Entfernung von
nur 20 bis 30 Meilen. —

§. 76.

Allgemeine Anmerkungen vom Steuerfuß.

So allgemein auch beynahe die Steuer von
Ländereyen, oder (wie sie Herr Schlettwein
nennt, und wie wir sie Kürze wegen auch nennen wollen) der Territorialimpost ist, so ver-
schieden ist hingegen die Art und Weise, diese
Steuer auf die Grundstücke auszuschlagen, oder
der Steuerfuß. Es kommt hierbey hauptsächlich auf zween Punkten an: einmal, den Ertrag der Grundstücke an und für sich aus-
zurechnen, und sodann auch den gerechten
Theil des reinen Ertrages zu bestimmen,
welcher ohne Ruin der Unterthanen als Auflage
erhoben werden kann.

In jeder Steuerbeschreibung findet man
die Größe der Grundstücke beschrieben, (die sich
aber

her beym Nachmessen oft ganz anders zeigt);
und dabey einen Anschlag des Gutes, wornach
die Steuer ausgerechnet wird, von welchem man
aber an vielen Orten nicht mehr weiß, worauf
er sich gründe, und weswegen es sehr schwer
hält eine richtige Ausgleichung zu treffen, wann
man aus Vergleichungen siehet, daß der bessere
Acker manchmal weniger steuert als der geringere.

§. 77.

Von dem Anschlag der steuerbaren Güter nach ihrem räumlichen Inhalt.

Bisweilen sind die Grundstücke bloß nach ihrer Größe und mit dem alleinigen Unterschie-
de angelegt, daß eine Wiese eine andere
Steuer giebt, als der Acker u. s. w. und dieser
räumliche Inhalt gründet sich entweder auf die
geometrische Ausmessung, oder auf eine bloß
willkührliche beyläufige Schätzung. Z. E. im
Herzogthum Holstein werden die Güter nach der
Anzahl der Pflüge besteuert, und auf einen Pflug
24 bis 36 Morgen gerechnet. In dem Herzogthum Meklenburg hingegen gründet sich die
Kontribution auf eine genaue Ausmessung der
Felder, und giebt eine Hufe wie die andere jährlich

lich 9 Reichsthaler in neuen $\frac{2}{3}$ Stücken. Im Königreich Dänemark wurden die Ländereyen zu Regulirung der Kontributionen schon in den Jahren 1631 1682 und 1683 ebenfalls ausgemessen. Von jeder Tonne Hartkorn muß ein Jahr wie das andere an Matrikelkorn, Reiter = Ochsen = und Specksteuer 16 Mark Dänisch bezahlt werden. Unter einer Tonne Hartkorn ist ungefähr so viel Land zu verstehen, als mit 1 Tonne (d. i. 8 Scheffel) Roggen, 1 Tonne Gerste und 2 Tonnen Haber besäet wird. Der räumliche Inhalt der Grundstücke, ist bey dem bekanntlich ausserordentlich großen Unterschied ihrer Fruchtbarkeit ein sehr unsicheres Maas ihrer Abgaben, welche sich einzig und allein auf ihren reinen Ertrag gründen sollen. Auch sollte man billig bedenken, daß mit der Größe des geringen Ackers auch dessen Kulturkosten sich vermehren, und mithin der reine Ertrag sich dadurch noch mehr vermindert. Vielleicht wäre von der ungefähren Schätzung noch eher eine Gleichheit zu hoffen, als von der genauen Ausmessung, da die Schätzer insgemein auch auf den innerlichen Werth der Güter einige Rücksicht nehmen, und den minder fruchtbaren Acker für kleiner angeben als den bessern. Doch fället es von selbst gar deutlich in die Augen, daß man zu Erhaltung einer

ner wesentlichen Gleichheit, ganz anders Mittel
anwenden müsse.

§. 78.
Von Eintheilung der Grundstücke in gute,
mittlere, und schlechte.

In andern Ländern, wie z. E. in Pommern,
werden die Güter bey Verfertigung des Steuer-
anschlags in drey Klassen, als gute, mittlere
und schlechte abgetheilet, und nach Maaßgab
dessen mit dreyerley unterschiedenen Steuern belegt. Diese Art zu verfahren, kommt dem gerechten Verhältniß zwischen der Anlage und dem
Ertrag der Güter schon um vieles näher, und
findet daher auch in unsern Tagen vielen Bey-
fall; dennoch aber laboriret sie noch an beträchtlichen Mängeln, welchen man vielleicht abhelfen
könnte. Was zeigt sich nicht für ein großer Unterschied zwischen gut und gut? Wer ist im
Stande die eigentlichen Gränzen zwischen mittel-
mäßig und schlecht zu bestimmen? Die Steuer
des besten unter den geringen und des geringsten
unter den mittelmäßigen Grundstücken werden
sehr von einander abweichen; die Grundstücke
selbst aber nach ihrer eigentlichen Beschaffenheit
um so näher aneinander stoßen.

§. 79.

§. 79.

Schlettweins Vorschlag den Ertrag der Güter zu berechnen.

Herr Schlettwein hat in der schon oft ausgeführten Schrift noch einen andern Weg vorgeschlagen, den Betrag der Steuern nach dem Ertrag der Grundstücke zu berechnen. Da besonders das Ackerfeld nicht ein Jahr wie das andere benutzet werden kann: so berechnet er zuerst den Ertrag von dreyen Jahren, an Körnern, Stroh, Rüben, Klee ꝛc. hievon ziehet er sodann die Kosten der Aussaat, der nothwendigen Besserung des Ackers, der Unterhaltung des arbeitenden Anbaues, des Zugviehes, die Reparationskosten an Schiff und Geschirr, Hausgeräth und Gebäuden, die Zinsen aus dem Hausrath, die Zinsen aus dem Kaufgeld des Zugviehes, Schiff und Geschirrs, die Zinsen aus den Gebäuden (welche Unterhaltungskosten auf die zu Anbauung des Ackers erforderliche Arbeitstage ausgeschlagen werden) sammt dem Zehenden, ebenfalls auf drey Jahre, ab; woraus sich dann der dreyjährige reine Ertrag ergiebt, welcher in drey Theile abgetheilet und ein solcher Theil zum Grunde der jährlichen Auflage angenommen wird. Noch muß ich hiebey anmerken, daß unter den

Uns

Unterhaltungskoſten des Arbeiters, die ganze
jährliche Nothdurft an Speiſe, Trank, Klei-
dung, Brennholz, Brennöl und Arzneymitteln
enthalten iſt, welche aber auf die einzelnen Tage ausgerechnet und nur der Betrag von eben
ſo viel Tägen unter den Kulturkoſten des Ackers
mit in Anſchlag gebracht wurde, als der Landmann wirklich auf deſſen Anbau und Erndte verwenden muß.

Dieſe Rechnungsmethode ſcheinet mir höchſt
billig zu ſeyn: Zwar die Athenienſer beliebten
anders zu rechnen. Sie zogen von den Einnahmen der Bürger überhaupt ihre ganze Nothdurft
ab; und wer von ſeinen Gütern nicht mehr Einkünften hatte, als dieſe, (für die Perſon jeden
Bürgers gleich berechnet,) betrug, der wurde
ganz frey gelaſſen; wer aber mehr Einkünfte
hatte, mußte auch deſto mehr geben. Z. B. wer
200 Maaß Früchte einerndete, zahlte nur 10
Minen, wer 300 Maaß einerndete mußte ſchon
30 Minen, und wer 500 Maaß Einkommens
hatte, ein ganzes Talent abgeben. Allein bey
Grundſtücken findet dieſe Rechnung nicht ſtatt.
Wer z. B. nur 2 Morgen Ackers hat, dem
bleibt freylich nach Abzug ſeines jährlichen Un-
terhaltes kein' ſteuerbares Surplus übrig; er
hat aber dagegen auch nur wenige Tage auf

L   des

deren Bearbeitung zu verwenden, und kann an
den übrigen Tagen andern Geschäften abwarten. Der Reiche hingegen, welcher viele Güter hat, kann solche nicht alleine bauen, sondern
er muß Knechte und andere Hülfspersonen unterhalten, und es ist also billig, daß man ihm
mehr als nur die Nothdurft seiner eigenen Person unter den Kulturkosten abrechne. Darinnen aber kommen fast alle Kammeralisten miteinander überein, daß man den Unterthanen
seinen nothdürftigen Unterhalt frey lassen müsse,
und mit keiner Auflage beschweren dürfe.

Man müßte sich's eigends vorgenommen haben, Herrn Schlettwein zu chikaniren, wann
man ihme in Ansehung dieser schönen und genauen
Ausrechnung nicht Gerechtigkeit widerfahren lassen
wollte, und sie ist es, die mich auf einen Weg
geleitet hat, den ich für noch besser halte, weil
es doch so eingeführt ist, daß man seine eigene
Meinungen vorzüglicher findet, als andere ——
Herr Schlettwein hat selbst eingesehen, daß
es durchaus nicht möglich seye, alle Jahre den
Ertrag jedes Grundstückes auf diese Art zu berechnen, und die Steuer darnach einzurichten.
Deswegen will er, daß man die Güter nach ihrer Qyalität in Klassen abtheilen, mit einem
Grundstücke aus jeder Klasse diese Berechnung

von

vornehmen, und nach diesem Maaßstabe die
ganze Klasse nach ihrem räumlichen Inhalt aus
legen sollte. Dadurch aber kann man jenen
Mängeln nicht abhelfen, welche im vorhergehenden §. 78. bemerket wurden;

§. 80.

Vorschlag zur Erfindung eines adäquaten Steueranschlags.

Es ist kein neuer Gedanke, wann ich anra-
the, bey Ausrechnung des steuerbaren reinen
Ertrags der Grundstücke das Augenmerk auf
ihren Kaufspreiß zu richten. Die sächsischen
Schocke gründen sich wirklich auf den Werth
der Güter, und alle alte Steuerbeschreibungen
enthalten Spuren, daß unsere Väter bey Einführung der Steuern, den Anschlag nach ihrem
relativen Werthe gegen den numerairen Preiß
der Münzen eingerichtet haben. Seckendorf
(im deutschen Fürstenstaat 3. Theil, 8. Re-
gul. §. 3.) scheinet dieses auch zu bestättigen,
da er sagt: „ und obwohl im vorigen Seculo
„ die Güter in der Steuer, nach dem Mark-
„ werth angeschlagen worden ꝛc. Der beständige Kauf- und Verkauf der Güter, lehret das
Verhältniß ihres Werthes zu dem jedesmaligen

nu-

numerairen Preiße der Waaren ganz deutlich, und
wir wissen es aus Erfahrungen, daß fast in je=
dem Dorfe etliche so erfahrne und ihres Feldes
so genau kundige Männer gefunden werden kön=
nen, welche im Stand sind, den Preiß eines
jeden Grundstückes mit einer bewundernswürdi=
gen Genauigkeit anzugeben. Solcher Männer
könnte man sich also bey Regulirung des Steuer=
fußes bedienen.

Nun nehme man z. E. einen Acker, er sey
von welcher Beschaffenheit er wolle, und be=
rechne von diesem, nach Maasgab der ange=
führten Kultur, nicht nur den möglichen, son=
dern den wirklichen Ertrag, so wie ihn drey
nacheinanderfolgende Jahre an die Hand geben;
den Kulturaufwand aber berechne man nach
Herrn Schlettweins Vorschrift mit der mög=
lichsten Genauigkeit; und zuletzt erforsche man
auch den Kaufepreiß dieses Gutes: so wird
man das genaueste Verhältniß zwischen diesem
und dem jährlichen reinen Ertrag finden können.
Nach diesem wäre also die Auflage zu reguliren.

Wir wollen annehmen, es veroffenbarete sich
hierdurch ein dreyjähriger reiner Ertrag von 60 fl.
und ein Preiß des Grunstückes von 400 fl.:
so

so würde sich die reine Produktion eines Jahres
zu diesen verhalten wie 5 zu 100. Wann nun
im Lande herkommlich ist, daß von 100 fl.
Steueranschlag auf jede Steuer 1 fl. erhoben
wird; und wann ferner richtig ist, (welches
wir nur einstweilen voraussetzen wollen, daß die
jährliche Auslage mehr nicht als den 4ten Theil
des reinen Ertrags ausmachen darf, ohne die
Unterthanen zu drücken; so kann man also
durchaus den 4ten Theil des wahren Werthes
für das Steuerkapital annehmen und die Steuern
höchstens bis auf fünfe Simpla steigen lassen.

Daß bey jeder Gattung von Grundstücken,
als Aeckern, Wiesen, Gärten, Waldungen ꝛc.
eine besondere Berechnung zum Grunde geleget
werden muß, verstehet sich von selbsten; dann
bey jeder ist die Kultur und der Kulturaufwand
anders. Auch müssen, wann die gesuchte Gleichheit in der Auslage nicht verfehlet werden solle,
die auf einem Grundstücke haftende Zinse, Gül-
ten, Handlöhner u. d. g. zu Kapital angeschlagen und dieses Kapital von dem Werthe des Gutes abgezogen werden.

§. 81.

Möglichkeit diesen Vorschlag auszuführen.

Auf solche Art zweifle ich nicht an der Er-
langung einer möglichst gleichen Auflage, und
ich sehe nicht ein, was der Ausführung dieses
Gedankens im Weg stehen könnte. Kostbar
würde sie wenigstens nicht seyn. Bey jeder
neuen Steuerbeschreibung braucht man ohnehin
verpflichtete und des Feldes wohl kundige Männer als Beysitzer, welche, ohne viel mehrere
Zeit als ohnehin zu einer Steuerbeschreibung
erforderlich ist, dazu nöthig zu haben, den Gü-
teranschlag zugleich verrichten können. Wäre
von diesen eine Partheylichkeit zu besorgen: so
dürfte man nur nach geendigter Beschreibung
den ganzen Anschlag der versammelten Gemeine öffentlich vorlesen, jeden mit seinen zu machen habenden Einwendungen dagegen anhören
und nach Befund der Dinge summarisch entscheiden. Man hätte darum nicht nöthig, das
Verhältniß des Steuerfußes zum Anschlag der
Güter bekannt zu machen; sondern könnte es
als ein Geheimniß sorgfältig verschweigen. Nothwendig aber würde es seyn, die Beschreibung
der Operation den Steuerbeschreibungen zu prä-
mittiren, damit die nachfolgende Generation sich

bey

bey nöthig findenden Abänderungen darnach be-
nehmen könnte. Wollte man aber durchaus nicht
von der Summe des schon eingeführten Steuer-
kapitals abgehen, ohne sich darum zu beküm-
mern, ob es dem reinen Ertrag der Grundstücke angemessen ist, oder nicht: so könnte man
doch dadurch die eingerissene Ungleichheit heben,
wann man die Summe des Güteranschlags mit
dem Steuerkapital vergleichen, und nach dem
sich findenden Verhältnisse dieses auf jenes repar-
tiren wollte.

§. 82.

Vortheile eines also eingerichteten Territorialimpostens.

Eine nach diesem Vorschlag eingerichtete
Steuer, würde sich gewiß immerdar in einem
richtigen Verhältnisse mit dem relativen Geld und
Waarenpreiße erhalten, da sie sich nach dem
Werth der Grundstücke, dieser aber von selbst
nach dem Geld- und Waarenpreiße richtet. Der
Beamte, welcher das Verhältniß des Steuerka-
pitals zum Werth der Grundstücke kennet, kann
bey Ab- und Zuschreibung der verkauften Güter immer sehen, ob solcher merklich steige oder
falle. Würde sich nach 8 bis 10 Jahren eine be-

L 4   trächt-

trächtliche Erhöhung zeigen: ſo wäre es immer
der Mühe werth, daß die Herrſchaft die Koſten
einer neuen Steuerbeſchreibung aufwenden könn=
te; würde aber der Werth der Güter ſehr fallen,
und die Unterthanen um eine adáquate Modera=
tion des Steueranſchlages nachſuchen: ſo müßte
man ihnen ſolches auch bewilligen.

Ein Fürſt, welcher von ſeinen Unterthanen
ſtets einen gerechten Theil des reinen Ertrags der
Grundſtücke als Auflage erhebt, wird weder ver=
liehren noch gewinnen, wann der Werth der
Grundſtücke und alſo auch die Auflage ſteigt oder
fällt. Steigt der Werth unbeweglicher Güter:
ſo iſt es ein Beweiß, entweder einer vorgegan=
genen nummeralren Erhöhung des Münzfußes,
oder der zunehmenden Menge des umlaufenden
Geldes, oder eines merklichen Wachsthums der
Bevölkerung und daraus entſtehenden ſtärkern
Konſumtion. In einem wie in dem andern Fal=
le ſteigt auch der Preiß aller natürlichen und künſt=
lichen Produkten, welche der Fürſt theurer kau=
fen muß, und alſo im Grunde doch nichts dabey
gewinnet. Fällt aber der Preiß der Güter: ſo
iſt der ganze Mechanismus umgewandt, und al=
ſo hieraus ſchon von ſelbſten klar, daß der Fürſt
mit verhältnißmäſig geringern Auflagen eben ſo
weit kommt.

§. 83.

§. 83.

Fernere Vortheile dieser Auflage.

Eine sehr gute Eigenschaft eines also einge-
richteten Territorialimposts ist es, daß sie den
Nutzen des Regenten noch genauer an die Wohlfahrt des Volks heftet, als sie ohnehin schon mit
einander verbunden sind; indem jede Verbesserung des Ackerbaues und jede Vermehrung des
Nahrungsstandes der Unterthanen, eine viel au-
genscheinlichere Vermehrung der landesfürstlichen
Einkünfte unmittelbar nach sich ziehet.

Auch wird der Vortheil angemerket zu werden verdienen, daß auch diese Steuereinrichtung
abgeschlossene Steuerbücher verstattet, und dadurch der Betrag einer Steuer von einer ganzen
Provinz genau und leicht berechnet, mithin die
erhobene Auflage ohne merklichen Abgang in die
Kassen des Staats geleitet werden kann.

§. 84.

Vom gerechten Verhältniß zwischen der Auflage und reinen Produktion.

Es ist nun noch übrig, ein Wort von dem
gerechten Verhältniß der Auflage zu dem
J 5   rei-

reinen Ertrag der Grundstücke, zu sagen.

Wie uns die deutsche Chronik vom 24ten
Julius 1777 versichern will, müssen jetzt in Polen die sogenannten emphitevtischen Güter
$\frac{1}{4}$ Th. der Einkünfte an den Staat als Auflage
bezahlen. Daß diese Auflage unbillig seye,
braucht keines weitern Beweises.

Seckendorf ist (in den Zusätzen zum deutschen Fürstenstaat §. 49.) der Meinung, daß
die Steuern von Grundstücken über 1 Procent
nicht betragen sollen; klagt aber, daß schon zu
seiner Zeit die Auflagen der Unterthanen, wann
man alle verschiedene Abgaben zusammen rechne,
drey = vier = bis fünfmal so viel betragen hätten.
Schlettwein rechnet für alle Auflagen zusammen
genommen $\frac{3}{10}$ Th. der ganzen Produktion oder
$\frac{2}{5}$ Th. des reinen Ertrages, und Bergius sagt
im Polizey = und Kameralmagazin, unter
dem Worte: Abgaben §. 7.   „Die meisten
„Länder haben den 4ten oder 3ten Theil der Ein=
„künfte zum Kontributionsfuß angenommen.
„Wann alle Arten der Kontributionen und Ab=
„gaben zusammen sich so hoch belaufen: so wird
„es auch das höchste seyn, was die Unterthanen
„in geruhigen Zeitläuften, wo keine Noth und
                                        „Un=

„Unglücksfälle vorhanden, entrichten können.
„Wann man aber die Kontribution von unbe-
„weglichen Gütern allein auf diesen Fuß setzen,
„und darneben den Unterthanen noch eine Men-
„ge anderer Abgaben auflegen wollte : so wür-
„den sie unmöglich dabey bestehen können, ohne
„den Grund ihres Vermögens selbsten anzu-
„greifen.

Ich meines wenigen Orts, halte die Bestimmung dieses Verhältnisses für ein sehr schweres
Finanzproblem, und behalte, mit gütiger Er-
laubniß meiner Leser, meine Meynung in Petto.
Derjenige Fürst aber würde den oft so sehr mißbrauchten Namen : *Landesvater* mit Recht
verdienen, welcher sich entschliessen könnte, seine
Wirthschaft so einzurichten, daß er immerzu im
Stand wäre, seinen getreuen Unterthanen einen
Theil derjenigen Abgaben zu entlassen, welche er
von ihnen zu erheben sich für berechtiget halten
kann. Mit Freudenthränen benetzte ich jüngst-
hin ein Zeitungsblatt, welches uns berichtete,
daß die grosse Beherrscherinn aller Reus-
sen, aller geführten Kriege und ihren Helden
gemachten großen Geschenke ohngeachtet, doch
ihren Unterthanen auf einmal zehnerley Abgaben in Gnaden nachgelassen habe. — Glückliches

thes Volk! ſegne die gute Monarchinn,
welche keinen gröſſern Wunſch kennet, als
dein Glück zu gründen; unter deren
weiſen Geſetzen du in ungekränkter Sicherheit die Früchte deines Fleiſſes ge-
nieſſeſt!

§. 85.

Von des Marſchalls von Vauban beſtän-
digen Zehenden.

Der Marſchall von Vauban hat ſtatt der
Geldauflagen die Erhebung eines allgemeinen
Zehndens angerathen. Wann man durch ange-
ſtellte Unterſuchungen finden kann, wie ſich die
gerechte Auflage zur ganzen Produktion verhält:
ſo kann man wohl ohne Zweifel auch dieſen Theil
der Produktion in natürlichen Produkten erheben.
Nach Schlettwein z. E. wäre die Auflage $\frac{2}{20}$
der ganzen Produktion, und alſo der 10te Theil
aller Früchte. Wollte man den Unterthanen eine
Erleichterung gönnen, ſo könnte man ſtatt deſſen den 11ten 12ten oder 13ten Theil einziehen,
ſo wie man ohnehin ſchon den Zehenden erhebt.

Dieſe Art Auflage würde nicht nur alle dem
Territorialimpoſt ohnehin eigene gute Eigenſchaften, in weit gröſſerer Vollkommenheit zei-

gen;

gen; sondern auch besonders dem Ertrag der Güter in einzelnen mehr oder weniger fruchtbaren Jahren viel angemessener seyn.; Reste, Nachlässe und Moderationen fast ganz verdringen, und mit Ausschließung aller andern Abgaben, den großen Vortheil gewähren, daß man sie von Gütern erheben könnte, welche der Künftige Eigenthümer noch nicht ganz in seinem Besitz und in seiner Gewalt hat, weil der Unterthan seine Auflage schon entrichtet, ehe er noch die Früchte nach Hause bringt.

Nur erfordert die Einführung einer solchen Auflage, daß man alle übrige auf den Grundstücken etwan haftende Geldprästationen ganz aufheben könne. In der ganzen Provinz, wo sie statt finden solle, dürfen also keine Grundherrschaften seyn, sondern alle Gefälle müssen dem Landesherrn ganz allein gehören. Auch kann man nicht in Abrede stellen, daß die Erhebung solcher Naturalauflagen ungleich beschwerlicher, kostbarer und unsicherer ist, als Geldauflagen seyn, und daß sie die Unterhaltung vieler Gebäude nach sich ziehen würde.

§. 86.
Beständige Steuern.

Man findet hier und dar viele Grundstücke, welche nicht mit ordentlichen Kontributionen beleget werden

den Ebanen, sondern beständige Steuern zahlen. Diese beständige Steuern sind dem Staat allezeit nachtheilig, weil sie die billige Gleichheit der Kontribuenten verhindern, und weil die Besitzer solcher Güter ein Privilegium auf Kosten ihrer Mitbürger geniessen. Man könnte sie vielleicht aufheben, wann man sich entschließen wollte, solche Grundstücke nach und nach einzulößen, gleich andern Gütern in die Steuer zu legen und in dieser Qualität wieder zu verkaufen.

Keine wichtige Hinderniß wäre es, wann auch schon diese beständige Steuern zu den Tafelgeldern des Fürsten gehöreten, die Erhebung der Kontributionen aber der Landschaft zuständig wäre; oder wie nur der Fall immer beschaffen seyn möchte. Die Landschaft, oder überhaupt die Kontributionskasse dürfte sodann nur dem Landesherrn den jährlichen Abgang baar ersetzen und die ganze neue Auflage für sich erheben.

Einen Abgang am Kaufgelde müßte man sich zwar allerdings gefallen lassen; er würde sich aber vielleicht doch nicht so hoch belaufen, als man sich etwan einbilden möchte: wenigstens würde er sich durch den Zugang an Auflagen hinlänglich verzinsen. — Ein leichtes Mittel, verzinsliche Kapitalien (wann der Staat welche hat) in Landesherrliche

Ne=

Revenüen zu verwandeln; Eine Plusmacherey,
über die sich kein Mensch beklagen könnte!

§. 87.

Getraidgülten, Eisengülten.

Getraidgülten und Eisengülten mit ihren
unzähligen Abarten, sind auf liegenden Gütern haftende unveränderliche Abgaben, deren Ursprung
man insgemein in Verträgen zwischen Herrn und
Unterthanen suchen muß, welche bey Wiederanbau-
ung verwüsteter und entvölkerter Länder errichtet
wurden. Sie sind dem Ertrag der Güter nur selten
angemessen; man kann sie aber nicht wohl abändern, und muß daher bey der Besteurung der damit beladenen Grundstücke ein sorgfältiges Augenmerk auf ihren Betrag richten. Döhler ist sehr
für ihre Erhaltung und Vermehrung bordirt, weil
er sie unter die Domainen rechnet, und glaubt,
daß sie mit der Zeit die einzigen Einkünfte der Fürsten und Stände des deutschen Reichs bleiben dürften, da er befürchtet, die ganze Reichsverfassung
möchte mit der Zeit abgeändert und den minder-
mächtigen Ständen der Genuß der Regalien entzogen werden. — Die Natur hat mich mit keinem prophetischen Geiste begabt. —

§. 88.

§. 88.
Viehesteuer.

Die Viehesteuer ist in den meisten Gegenden Deutschlands gebräuchlich, sie steckt unter dem Niederländischen Vorponding und Lord North, unser gepriesener Finanzier, hat sie erst neulich wiederum hervorgesucht.

Diese Auflage hat allezeit mehrere Widersacher als Vertheidiger gefunden. Wir wollen von jenen nur etliche anhören. Culmer vergleicht sie * mit einer Anlage auf den Handwerkszeug eines Mannes, der ohne diesen nicht arbeiten könne, und der ohnehin schon seine Gewerbsteuer entrichten müsse. Von der Lith behauptet, daß die Steuer von liegenden Gründen das Vieh wenigstens mittelbar, wo nicht unmittelbar besteure, und daß es also unbillig wäre, wann man dieses noch mit einer besondern Steuer belegen wollte; denn der Ertrag von den Wiesen und theils auch von Aeckern reiche dem Viehe den nöthigen Unterhalt dar. Und Schlettwein sagt: die Steuern, welche man unmittelbar auf das Vieh der Bauern lege, seyen von den verderblichsten Folgen. Die vollkommenste Benutzung des Erdbodens und das Glück der menschlichen

* In den Vorschlägen wie die Steuern einzurichten sind.

chen Gesellschaft erfordere eine beständige Vergrö-
serung der Viehzucht. Wann man aber Viehsteuern
anlege: so werde der Viehstand und die Verstär-
kung der Viehzucht den Landleuten beschwerlicher
gemacht; man verhindere also geradezu die Zunah-
me der Kultur der Ländereyen und die Vermehrung
der Geniessungen der Menschen.

Dagegen aber ist von Justi der Meynung,
daß das Vieh gar wohl mit einer besondern Abgabe
belegt werden könne, da die Landleute den Territorialimpost bloß von der Nutzung der Grundstücke
richten, die Viehzucht aber noch einen besondern
Profit abwerfe, der daselbst nicht mit in Anschlag
gebracht worden.

Obgleich der Ackerbau und die Viehzucht sehr
genau miteinander verbunden sind: so wirft doch
diese, glaube ich, außer dem Vortheil, welchen sie
dem Ackerbau verschaft, noch einen besondern und
von jenem ganz unterschiedenen Nutzen ab. Und
bekanntlich giebt es Länder, in welchen die Produktion der Viehzucht weit ansehnlicher ist, als die
Produktion des Ackerbaues. Besonders aber, wann
bey Regulirung der Steuer von unbeweglichen Gütern unter dem Kulturaufwand die Unterhaltung
des Zugviehes sammt dem Zins aus dem Ankaufs-
gelde und die nothwendige Besserung mit angeschlagen wird: (§. 79.) so kann man gewiß nicht sa-

M

gen, daß der reine Ertrag der Viehzucht schon unter dem Territorialimpost mit versteuret werde.
Auch von der Liebs Art der mittelbaren Ver-
steurung ist nicht gegründet. Wirft dann die Vie-
zucht keinen reinen Profit mehr ab, wann man
von der ganzen Produktion Heu und Streu abrech-
net? — *

　Die Viehsteuer ist also nicht so ganz verwerflich;
nur ist nicht zu läugnen, daß die Viehzucht als
die Hauptsäche des Ackerbaues, alle mögliche Auf-
munterung verdiene, und also wenigstens mit gar
schrmäßigen Auflagen zu belegen seye. Schon die
alten Syrakusaner vernachlässigten die Viehzucht ganz, weil sie Dionys mit allzustarken
Abgaben belästigte; wie uns Vater Aristoteles
im zweyten seiner Wirthsschaftsbücher berichtet.

* Der Herr Pfarrer zu N——m, mein Freund,
　behauptet noch immer, daß ich hier unrecht hätte,
　und daß das Rindvieh, wenigstens bey uns in
　Franken, die Unterhaltungskosten nicht bezahle,
　wann man den Dünger und die Feldarbeit vom Er-
　trag abrechne. — Er will mich durch genau an-
　stellende Erfahrungen und darauf gegründete Be-
　rechnungen überzeugen, und ich? — will ich
　abwarten. Aber gesetzt auch: —— giebt es
　denn nur Rindvieh und Pferde in der Welt, und
　sonst gar nichts? ——

Vier-

Vierter Abschnitt

Von Konsumtionsauflagen.

Statt einer Vorrede zu diesem Abschnitte muß
ich meinen Lesern das offenherzige Bekannt-
niß ablegen, daß er um deßwillen merklich
magerer ausfallen werde, als die vorhergehenden, weil ich von dieser Art Auflagen
ungleich weniger praktische Kenntnisse besitze
und erlangen konnte, als von den vorigen.

§. 89.

Definition der Konsumtionsauflagen, und doppelte Art sie zu erheben.

Konsumtionsauflagen sind Abgaben von
natürlichen oder künstlichen Produkten, welche
also erhoben werden, daß sie nicht dem Hervorbringer, oder der damit handelnden Person, sondern dem Verbraucher zur Last fallen.

Wann man fremde Produkte mit Konsumtionsabgaben belegen will: so darf man nur die
Auflage den Kaufleuten gleich bey der Einfuhr im
Ganzen abfodern, und diesen die Sorge überlassen, sich durch eine proportionirte Preißerhöhung der Waare von den Verbrauchern derselben

N 3   wie-

wieder dafür zu entschädigen: will man aber
innländische Produkte damit belegen, so muß
man die Auflage von dem Verbraucher unmittelbar erheben, weil die produktive Klasse eine
proportionirte Preiserhöhung nicht so in ihrer
Gewalt hat. (§. 74. u. 75.) Und dieses ist wohl
die beschwerlichste Art der Erhebung.

§. 90.

Vortheile der Konsumtionsauflagen.

Schon lange ist man mit den Konsumtionsauflagen bekannt; Griechen und Römer bedienten sich derselben, und in ganz Europa ist
kein Winkel, in welchem nicht wenigstens einige
Gattungen dieser Art Auflagen gebräuchlich waren; und dannoch ist man noch nicht einig, ob
sie mehr schädlich als nützlich sind. Es ist aber
auch sehr schwer, die vielen Vortheile und Nachtheile, welche diesen Auflagen ankleben, richtig
gegeneinander abzuwägen. Vielleicht würde man
glücklicher seyn, wann man Beobachtungen an-
stellen könnte, was die Konsumtionsauflagen in
Verbindung mit den besondern Landesverfassun-
gen für Wirkungen hervorbringen würden; denn
in jedem Land können sie unmöglich einerley Folgen haben.

Die

Wir haben oben (in der Einleitung) den Grundsatz angenommen, daß die Geniessungs-rechte der Menschen der sicherste Maaßstab ihrer Auflagen seyen; und in dieser Rücksicht muß man den Konsumtionsauflagen allezeit einen vorzüg-lichen Rang unter den nützlichen Auflagen ein-räumen, da sie den Geniesungen oder dem Ver-brauch der natürlichen und künstlichen Produkte sehr genau angemessen sind.

Wesentliche Vortheile der Konsumtionsauf-lagen sind es auch, daß sie täglich zu geringen Theilen in Waaren selbst bezahlet werden, und also kaum oder gar nicht in die Augen fallen, da sie in den Werth der Waaren selbst eingeschlossen sind; daß jeder Kontribuent selbsten seine Abgabe ver-mehren oder vermindern kann, je nachdem er seine Konsumtion erweitert oder verringert; daß sie sich nach eines jeden Vermögen richten, weil der Kluge diese Schranken nicht überschreitet, und der Verschwender seine Thorheit wenigstens versteuern und also auch dadurch dem Staate nützlich werden muß; und endlich, daß sie dem übertriebenen Luxus einigermassen Einhalt thun kann.

§. 91.

Fernere Vortheile dieser Auflagen.

Vorzüglich geschickt ist diese Art Auflagen, um Fremde dadurch zu besteuern, sie mögen nun durch das Land reisen, oder sich einige Zeit da aufhalten. Ein Land müßte sehr klein seyn, durch welches man reisen könnte, ohne etwas zu verzehren; sind aber Konsumtionsauflagen die herrschende Auflagen dieses Landes: so muß der Reisende Steuern geben, so bald er anfängt zu zehren oder zu kaufen.

Reste, Nachlässe und Moderationen, welche vorzüglich den Produktionsauflagen ankleben, finden bey diesen nicht statt; und wie vortheilhaft diese Eigenschaft einer Abgabe seye, ist oben im ersten Abschnitt §. 21 und 23 schon erläutert worden.

Ob aber diese Auflagen, wie Genovest glaubt, den Fleiß der Einwohner dadurch vermehren können, daß sie das Leben etwas schwerer machen; und ob seine Bemerkung richtig ist, daß die Menschen ihre Arbeit nach Proportion ihrer Bedürfnisse einzurichten gewohnt seyen, lasse ich dahin gestellt seyn. Zwar sagt dieser Schriftsteller zugleich: „ich sa= „ge Bedürfnisse, nicht Elend. Denn wenn es

„einmal

„einmal so weit mit uns gekommen ist, daß wir
„abgehärtet sind: so wird es uns auch keine
„Schwürigkeit verursachen, nackend zu gehen,
„Eicheln und Wurzeln zu essen, und wilde Thie-
„re zu werden.„ — Indessen aber ist doch die
Ausbreitung dieses Satzes nicht zu wünschen, da
er gar zu leicht mißbraucht werden kann.

§. 92.

Ob Konsumtionsauflagen eine unaufhörlich wachsende Theurung der Waaren nach sich ziehen.

So scheinbar aber diese Vortheile der Konsumtionsauflagen immerhin sind, so fehlt es ihnen doch auch nicht an großen Nachtheilen und
wesentlichen Unvollkommenheiten. Manche schädliche Eigenschaft wird ihnen vielleicht auch nur
angedichtet, die sie nicht wirklich an sich tragen.

Schletrwein z. B. behauptet * daß jede Konsumtionsauflage eine allgemeine unaufhörlich
wachsende Theurung der Waaren nach ziehe.
Zwar ist es ganz gewiß, daß diese ewige Preißes

M 5   er-

* Auf der 271sten Seite des ersten Theils seiner
wichtigsten Angelegenheit für das Publikum.

erhöhung erfolgen muß, wann keine Klaſſe der
Staatsbürger an dem Impoſt etwas tragen,
ſondern ſolchen allezeit wiederum auf ſeine Waaren ſchlagen will und kann. Wir wiſſen aber aus
vielen Erfahrungen ſehr wohl, daß dieſes nicht
geſchiehet, ſondern daß vielmehr jede Klaſſe eben
ſo viele Theile der Auflage trägt, als ſie Portio-
nen eines Produktes konſumirt, worauf die Auflage ruhet; und daß ſodenn zwar einmal eine
proportionirte durchgängige Preißeserhöhung er-
folge; daß es aber auch bey dieſem erhöheten
Preiße ſein Verbleiben habe, wann nicht der
Impoſt neuerdings erhöhet, oder der Waarenpreiß durch andere darauf ebenfalls wirkende Zufälle verändert wird.

Wird in einem Lande auf ein gewiſſes Maas
Salz, welches 1 fl. koſtet, ein Impoſt von 3 kr.
gelegt: ſo ſteigt zwar der Preiß des Salzes um
3 kr. und vielleicht auch nach Proportion der Preiß
einiger andern Waaren; bemohngeachtet aber
wird doch nach 3 Jahren das nämliche Quantum
Salz noch um 1 fl. 3 kr. zu haben ſeyn, wann nicht
ganz andere zufällige Urſachen eine größere Theurung veranlaſſet haben. Man hat dießfalls Erfahrungen. —

§. 93.

§. 93.
Schlettweinischer Beweiß.

Doch Herr Schlettwein hat seinen Satz mit
Beweisen von vorne her unterstützet, und er kann
also von mir fordern, daß ich ihm nicht nur einzelne Erfahrungen, sondern einen ähnlichen Gegenbeweiß, entgegensetzen solle, wann ich nicht
daran glauben will. Ich bin auch gar nicht ge-
meinet, mich dieser Obliegenheit zu entziehen,
nur müssen mir meine Leser erlauben, seinen Beweiß hier kürzlich einzurücken, wann ich ihnen
mit meinem Gegenbeweiß verständlich werden
solle.

Hier ist also der Beweiß:

Es sey die Summe der ganzen Konsumtion,
welche mit einem Impost beleget werden solle,
$= X$, die Auflage aber $= \frac{x}{y}$ so ist also der
ganze Konsumtionsaufwand $= X + \frac{x}{y}$
Die Klasse der Handwerker, Fabrikanten und
Handelsleute wird um den Betrag des Imposten
$= \frac{x}{y}$ auf ihre Waaren schlagen, und sich dafür
statt $= X$ künftighin $= X + \frac{x}{y}$ bezahlen
lassen. Und weil die produktive Klasse ihre Waaren

ren nöthig hat : so fällt ein Theil davon und
zuletzt die ganze Preiseserhöhung mit $= \dfrac{x}{y}$ auch
auf diese. Gesetzt nun, es falle nur ein Theil
davon, nämlich $= \dfrac{x}{ym}$ auf die Klasse der
Landleute; so werden diese auch den Preiß ihrer
natürlichen Produkte um eben so viel vermehren,
und das Quantum natürlicher Produkte, welches
die Professionisten ꝛc. vorhero um die Summe
$= X$ kauften, nunmehr $X + \dfrac{x}{ym}$ kosten;
wodurch nothwendig der Konsumtionsaufwand
der zehrenden Klasse wieder um eben so viel vermehret werden muß.

Wann nun im folgenden Jahre nur der vori-
ge Impost mit $\dfrac{x}{y}$ wiederum erhoben wird : so
vermehret sich durch die nämliche Progression der
Preiß der rohen und künstlichen Produkte derge-
stalt, daß man im dritten Jahr das nämm-
liche Quantum, welches man im ersten um
die Summe X haben konnte, nunmehr mit
$X + \dfrac{x}{ym} + \dfrac{x}{ym}$? bezahlen muß. *

§. 94.

* Wer die ganze Ausrechnung vom zweyten Jahre

§. 94.

ein Gegenbeweis.

Gegen die Richtigkeit dieses Satzes will ich nun gar nichts einwenden, als nur dieses, daß sich auf die nämliche Art beweisen lasse, daß die so hoch gepriesene einzige Auflage auf den reinen Ertrag der Grundstücke ebenfalls eine allgemeine unaufhörlich wachsende Theurung der Waaren nach sich ziehe. Wäre aber dieses gegründet; so würde daraus folgen, daß diese Wirkung ein jea der Auflage anklebendes, unvermeidliches Uebel seye: folglich würde von der Seite betrachtet, keine Auflage der andern vorzuziehen seyn. Ein Satz aber, welchen Herr Schlettwein durchaus nicht zugiebt.

Es sey z. B. der Ertrag der Grundstücke $= X$ und die darauf zu legende einzige Auflage $= \frac{x}{y}$. Die Klasse der freyen Arbeiter im Staate, welche von den eigenen Landesprodukten ein

großes

es wissen will, den verweise ich Kürze halber auf die Urschrift selbsten.

großes Theil, ja fast alles, was der Landmann
entbehren kann, zu ihrer Nahrung und zu ihren
Arbeiten braucht, muß also solches um $\frac{x}{y}$ theurer bezahlen, weil die produktive Klasse ihre be-
zahlte Auflage auf ihre Waare schlägt.

Nun schlagen aber die freyen Arbeiter solche
Preißeserhöhung der natürlichen Produkte auch
wieder auf ihre Waaren, und weil diese
der produktiven Klasse ohnentbehrlich sind: so
fällt wiederum ein Theil davon auf die Landb-
leute. Ich will itzt auch nur den Theil $\frac{x}{ym}$
davon auf sie wälzen lassen, so werden diese zu der
$\frac{x}{ym}$ Summe des produktiven Aufwandes oder
der Kulturkosten geschlagen werden müssen, und
diese Auflagen dadurch um eben so viel vergrös-
sern. Es ist also das ganze der Kulturauflagen
im folgenden Jahre um $\frac{x}{ym}$ größer als im vorhergehenden. Also steigt auch um eben so viel
der Preiß der natürlichen Produkte, welche von
den übrigen Klaffen zu ihrem Unterhalte und zu
ihren Geschäften erkauft werden; mithin beträgt

das

das Quantum der natürlichen Produkte, welche Künstler und Handwerksleute für die Summe X kauften, nunmehr den Werth von $X + \dfrac{x}{ym}$ dadurch wird aber der Konsumtionsaufwand der zehrenden Klasse wieder um eben so viel nämlich um $\dfrac{x}{ym}$ größer, als er vorher war, und beträgt folglich $X + \dfrac{x}{ym}$ anstatt, daß er vorhero nur die Summe X ausmachte.

Gesetzt nun weiter, man fordert nur den vorigen Impost mit $\dfrac{x}{y}$ wieder; so kostet nun im 2ten Jahr die ganze Quantität aller erzeugten Naturprodukte, welche die zehrende Klasse erkauft, eine Summe von $X + \dfrac{x}{y} + \dfrac{x}{ym}$ da sie im vorigen Jahr nur auf $X + \dfrac{x}{ym}$ zu stehen kam: folglich ist die Masse der rohen Produkte abermal um $\dfrac{x}{ym}$ theurer, und die gewerbtreibende Personen werden sich auch ihre Arbeiten um eben so viel höher bezahlen lassen. Von dieser Erhöhung fällt der Theil $\dfrac{1}{m}$ wieder auf die produktive Klasse; folglich vermehret sich der

Re-

Reproduktionsaufwand auch wieder um $\frac{r}{m}$ und stelgt also gegen vorhero auf $\frac{x}{ym} + \frac{x}{ym}$? Also wird auch der Preiß der rohen Produkte um diese Summe erhöhet, und die zehrende Klasse muß nun im dritten Jahre für das nämliche Quantum roher Materien, welches sie im ersten Jahre, da der Impost noch nicht auf den reinen Ertrag der Ländereyen gelegt war, für die Summe X und im 2ten Jahr für die Summe X + $\frac{x}{ym}$ erkaufte, die Summe X + $\frac{x}{ym}$ + $\frac{x}{ym}$? bezahlen.

§. 95.

Es ist unmöglich, bey Konsumtionsauflagen das rechte Verhältniß zwischen der Ein-
nahm und der Auflage des Besteuerten
zu treffen.

Wann aber schon nicht erwiesen werden kann, daß die Konsumtionsauflagen eine ewig wachsende Preißeserhöhung der Waaren verursachen: so ist es doch eine sehr schlimme Eigenschaft von ihnen, daß man, bey ihrer Einrichtung, unmög-
lich

lich die rechte Proportion zwischen der Einnahme
des Staatsbürgers und seiner Abgabe an den
Staat treffen kann. Wer ist im Stand, die eigentliche Konsumtion eines Einwohners von jeder Art natürlicher oder künstlicher Produkte mit
hinlänglicher Wahrscheinlichkeit zu bestimmen,
und die Austheilung der Auflage auf die Produkte
so zu treffen, daß dadurch das Maas, welches
alle Auflagen zusammengenommen nicht über-
schreiten dürfen, beobachtet werde? Wie schwer
ist es die Gränzen der Nothdurft, der Bequemlichkeit und des Luxus zu bestimmen? Eines und
das nämliche Produkt kann nach Beschaffenheit
der Zeit, des Verbrauchers und anderer zufälli-
ger Umstände ein Gegenstand des Luxus und der
Nothdurft seyn. Belegt man vorzüglich ohnent-
behrliche Lebensmittel mit Konsumtionsabgaben,
so lauft man Gefahr die Armut allzusehr zu belästigen; legt man sie aber nur sehr geringe an,
oder lässet sie gar frey: so ist zu befürchten, daß
die Waaren der Bequemlichkeit und des Luxus
dem Staate keine hinlänglichen Einkünfte verschaffen möchten.

Kein geringes Unternehmen wäre es, einem
Landesherrn, welcher seiner Einkünfte von Pro-
duktions- und Personalauflagen sich begeben woll-

N   te,

te, eben diese Einkünfte wieder durch Konsumtionsauflagen zu verschaffen. Gesetzt auch, man könnte die Konsumtion jedes Waarenartikels wie sie ist, genau wissen: so würde man deswegen doch nicht wissen können, wie diese Konsumtion nach Einführung der Konsumtionsauflagen beschaffen seyn würde.

§. 96.

Konsumtionsauflagen schaden der Bevölkerung.

Konsumtionsauflagen müssen die Bevölkerung nothwendig erschweren, da die Abgabe mit jedem neugebohrnen Kinde und überhaupt mit jeder Vergrößerung der Familien wächst. Es giebt zwar Länder, in welchen die Bevölkerung groß ist, ohngeachtet sehr beträchtliche Konsumtionsauflagen bey ihnen im Schwange gehen. Dieser Gedanke, ich muß es bekennen, hat mich schon bisweilen irre gemacht. Ich möchte aber wissen, ob diese Länder bey ihrer sonstigen vorzüglichen Verfassung nicht noch stärker bevölkert, nicht noch blühender seyn würden, wann sie ein anderes Auflagensystem hätten. Eine Kraft kann ja ihre Wirkung ohnmöglich äußern, wann ihr eine noch größere Kraft entgegen arbeitet!

zet! — Und ſind wohl jene Auflagen wirklich ſo
groß, oder verurſacht vielleicht nur unſer Stand-
punkt, aus welchem wir ſie betrachten, daß ſie
uns ſo groß erſcheinen? — Größe iſt ein rela-
tiver Begriff. — Büſching erzählt uns, daß
in den vereinigten Niederlanden die Acciſe
von Brod, Bier, Wein, Torf ꝛc. beynahe den
dritten Theil des Kaufpreiſes betragen. Die
meiſten Gegenden in Sachſen, Franken und
Schwaben würden unter der Laſt ſo ſtarker Konſumtionsauflagen erliegen; deswegen aber können ſie doch in Vergleichung mit den ſo einträg-
lichen Gewerben der Niederländer, vom erſten
Kaufmanne bis zum Taglöhner, noch ſehr erträg-
lich ſeyn.

§. 97.

Beſchwerliche Erhebung derſelben.

Die Erhebung der Konſumtionsauflagen beſonders von fremden Produkten verzögert den
Transport der Waaren, macht ihn dadurch koſt-
barer, verurſacht Durchſuchungen der Kaufmannsgüter, und legt der Handlung, deren ganze See-
le die Freyheit iſt, noch hundert andere Feſſeln
an, welche Plackereyen gewinnſüchtige Acciseein-
nehmer bis ins unendliche zu vermehren wiſſen.

Wann

Wann wir nicht so viele neue Beyspiele davon
hätten: so möchte der jüdische Begriff: Zöllner
und Sünder, und das was uns Tacitus L. 13.
Annal. von den römischen Mauthnern erzählt,
zu unserer Ueberzeugung schon allein hinlänglich
seyn.

Tägliche Erfahrungen belehren uns, wie wes
nig die bisher erfundene Kontrollanstalten im
Stand sind unzähligen Unterschleifen sowohl von
Seiten der Waarenverbraucher als der Acciseins
nehmer selbsten vorzubeugen. Sehr viele unter
meinen Lesern werden schon eine Reise in solche
Gegenden, wo Mauthen herrschen, gemacht und
die Treue der Mauthner selbst auf die Probe ges
setzet haben. — Dagegen aber werden nicht sels
ten andere weniger Schuldige, und öfters Unwiss
sende, durch Konfiskationen und andere harte
Strafen unglücklich gemacht.

Die große Anzahl von Mauthiern, Acciseins
nehmarn, oder wie sie sonsten heissen mögen, wels
che zu Erhebung der Konsumtionsauflagen erfors
derlich sind, verdienen sehr in Betrachtung gezos
gen zu werden. Ein guter Freund in einer ges
wissen Gegend Deutschlands versicherte mich, daß
man in seinem Vaterland die noch nicht lange

eingeführte Mauth schon wiederum aufgehobn
hätte, wann man nur nicht in Verlegenheit wäre, diesem Heer von Einnehmern auf eine andere
Art Bröd zu verschaffen.

§. 98.

Sie ruhen auf keinem sichern Grund.

Von Konsumtionsauflagen wird man schwerlich behaupten können, daß sie auf einem sichern
Grunde ruhen, weil die Konsumtion der Waaren
durch allerley Zufälle sich gar geschwinde veränd-
ern kann. Die amerikanische Theetaxe zum
Exempel. —

§. 99.

Von Monopolien, als einer bequemen Er-
hebung der Konsumtionsauflagen.

Das viele Beschwerliche, welches auf Seiten
der Regierung mit Erhebung der Konsumtionsauflagen verbunden ist, hat für die Unterthanen
ein noch größeres Uebel, die Verpachtungen
und Monopolien erzeugt. Man darf gar nichts
mehr zu ihrem Nachtheil sagen; das Publikum
ist vorhin schon zu sehr gegen sie eingenommen.
Ein Schriftsteller, welchem kein Kunst-
richter

nicht die Gabe seinen Satz gut zu vertheidigen absprechen konnte, verursachte eine Apologie der Monopolien, ** von welcher aber Heß ** urtheilt, er habe sie so gut vertheidigt, als sich eine böse Sache vertheidigen lasse, und habe sie mit Waffen verfochten, deren Schwäche er selbst werde eingesehen haben. Ist indessen ein Fall möglich, in welchem ein Monopolium nützlich werden kann: so ist es gewiß der Handel mit fremden Produkten, wann man nur der Gewinnsucht des Monopolisten gehörige Gränzen zu setzen verstehet. Durch ein solches Monopolium wird auf den auswärtigen Handelsplätzen die Zahl der Käufer vermindert, dadurch aber der Preß des Produktes erniedriget; wobey dann der Staat allezeit gewinnt, der Profit mag nun diesen oder jenem von seinen Bürgern vorzüglich zufallen. Auch kann sich ein Monopolist schon deswegen bey dem Einkauf der Waare einen mäßigen Preß versprechen, weil er nun alleine das ganze Quantum von Produkten auf einmal einkauft, welches vorhin alle seine Landsleute zu

* * * * *

** In den Abhandlungen aus dem Finanzwesen.

*** Versuch über die Mittel zur Beförderung. 2 Versl.S. 17. Anm.

sammengenommen kauften. Ein so importanter
Kundmann verdient aber doch vorzügliche Aufmerksamkeit.

§. 100.

Verschiedene Gegenstände der Konsum-
tionsauflagen.

Die Konsumtionsauflagen unter sich, sind
wiederum so vielerley, daß ich mir nicht alle nur
dem Namen nach anzuführen getraue. Da giebt
es Zölle, Mauten, Licente, Transito=
Consummo= und Essitoaccise, und wer weiß
was noch für Abgaben; welche aber doch alle
darinnen übereinkommen, daß sie einen Theil des
Kaufspreißes der eingehenden, ausgehenden oder im
Land selbst verbrauchten Waaren ausmachen. Ohne
uns in ihre Benennungen einzulassen, wollen wir
nur noch die Konsumtionsauflagen, unter dem allgemeinen Namen: Accise, in Ansehung der Produkte betrachten, welche damit belegt werden.
Diese Produkte sind entweder inländische, oder
ausländische, natürliche oder künstliche; ferner entweder Gegenstände des Luxus, oder
unentbehrliche Bedürfnisse.

§. 101.

In wie ferne innländische unentbehrliche
Bedürfnisse sowohl als Gegenstände des Luxus mit Konsumtionsauflagen zu belegen sind.

Innländische Produkte, als unentbehrliche Bedürfnisse des menschlichen Lebens
betrachtet, sind eigentlich kein Gegenstand der
Konsumtionsauflagen, weil es unbillig zu seyn
scheinet, wann man den Unterthanen den nothdürftigen Unterhalt durch Abgaben erschweren
will. Dergleichen Produkte wird man viel besser
mit Produktionsauflagen beschweren, und diese
von denjenigen erheben können, welche einen
vorräthlichen Vorrath davon haben. Werden dergleichen Waaren aus dem Lande geführet: so
sollten sie ebenfalls frey gelassen werden, weil
es dem Staate vortheilhafter ist, eigene Produkte
aus als fremde einzuführen. Manche Staaten
lassen diese Ausfuhr nicht nur ganz frey, sondern
sie befördern sie auch mit Prämien; wo hingegen
mehrere andere sie mit Auflagen stark beschweren.
Ein anderes doch; wann ein benachbarter Staat
unsere Produkte durchaus nicht entbehren könnte;
in diesem Falle würde sich eine solche Auflage
rechtfertigen lassen.

Eigene Landesprodukte als Gegenstände des Luxus betrachtet, verdienen eine Auflage, in so ferne sie im Lande selbst verbrauchet werden. Gehen sie aber über die Gränzen; so wird die Ausfuhr um so mehr Erleichterung verdienen, je eher unsere Nachbarn diese Produkte entbehren und sich dadurch von uns unabhängig machen können.

§. 102.

Ob die Ausfuhr einheimischer roher Produkte und die Einfuhr fremder Manufakturwaaren mit Imposten zu belegen seye.

Die Ausfuhr inländischer roher Manufakturstoffe und die Einfuhr fremder künstlicher Produkte sind so genau miteinander verwebt, daß wir sie gar wohl zugleich beleuchten können.

Bisher war es ein allgemein angenommener Grundsatz in der Politik, daß man die Ausfuhr der rohen Materien des Landes verbiethen und die Einfuhr fremder Manufakturprodukte entweder ganz verhindern, oder doch möglichst erschweren müsse, weil Manufakturen ein Land reich ma-

machen, und also das Beste des Landes erfordere,
die rohen Materien zurück zu halten und selbst zu
verarbeiten. Beynahe alle Staaten wurden nach
diesen Maximen wirklich regiert.

Wann ich diese Sätze noch als klassische Re-
geln voraussetzen dürfte : so könnte ich auch ohne weitern Beweiß sagen, daß Konsumtionsauflagen auf die Ausfuhr roher Produkte
und auf die Einfuhr fremder Manufakturwaaren allerdings anzupreisen wären.
Allein in unsern Tagen fängt man an, diese
Maximen anzufechten. Schlettwein suchte sie
ganz zu widerlegen, und bestritte sie wirklich mit
so wahrscheinlichen Gründen, daß ich nöthig finde, mich zu rechtfertigen, warum ich doch der alten Meinung noch großen Theils anhange.

§. 103.

Manufakturen können keinem Land wahre Reichthümer verschaffen.

Schlettweins weitläufig ausgeführte Gründe, warum man weder die Ausfuhr der einheimischen rohen, noch die Einfuhr fremder künstlicher Produkte verhindern, sondern alles dem natürlichen Lauf der Dinge überlassen solle, sind
kürzlich diese :

Nur

Nur die Vervielfältigung der Naturprodukte
ist der einzige Weg, allen Nationen wahre Reichthümer zu verschaffen: keine einzige Manufaktur
vergrößert hingegen den wahren Reichthum der
Länder; sie giebt nichts als den Werth der rohen
Materien, die man verarbeitet, und den Werth
der Früchte des Weines, des Holzes und der
übrigen Erfordernisse, welche die Fabrikanten
während ihrer Arbeit verbraucht haben. So viel
als ein Staat durch die verarbeiteten Waaren
seiner Fabriken herbey zu ziehen sucht, eben so
viel muß er an rohen Materien, an Unterhal-
tungsmitteln und andern Konsumtibilien erst aufwenden. Er verkaufe nur seinen Hanf und Flachs
roh an Ausländer; er verkaufe alles das Getraide
den Wein, das Holz und die andern Erfordernisse, welche die Segeltuch- Leinwand- und
Spitzenfabrikanten verzehren: so erwirbt er sich
durch den Verkauf dieser Naturprodukte unmittelbar die ganze Summe, um welche er seine Manufakturwaaren absetzen zu können hoffet: u. s. w.

§. 104.

Widerlegung dieser Sätze.

Ich gebe sehr gerne zu, daß die natürlichen
Produkte, welche durch Ackerbau, Viehzucht

W   und

und Bergbau gewonnen werden, die aller-
eigentlichsten und reellesten Reichthümer der
Staaten sind; daß die Fabriken und Manufakturen keine neue Materie erzeugen, sondern nur die
bereits vorhandene umformen; und daß es ein
wahrer Nachtheil für den Staat seye, wann sich
in ihm der Fabrikgeist so sehr ausdehnt, daß er
die Produktion hindert: bey allem deme aber
kann ich mich doch nicht überreden, daß Fabriken ganz unfähig seyn sollten, dem Staate wahre Reichthümer zu verschaffen. Herr Schlettwein behauptet, daß die Manufakturwaren weiter nichts als ein Aequivalent für die gehabte
Instrumental- und ununterbrochenen Ar-
beitsauslagen verschaffen; ich glaube aber vielmehr, daß eine wohleingerichtete Fabrik über diesen Ersatz noch etwas, was man reinen Profit
nennen kann, gewähren, ja nothwendig gewähren
müsse, wann sie bestehen und nicht bald selbst wieder eingehen solle. Wir wollen z. E. annehmen,
es sey bey einer Fabrik, welche inländische Produkte verarbeitet und an Ausländer verkauft, die
ununterbrochenen Fabrikationsauslagen, nach ihrem ganzen Umfange $= X$. und die jährlichen
Zinsen der ersten oder Instrumentalauslagen
$= \frac{X}{Y}$ die von den Ausländern für die fabricirten

Waa

Waaren erhaltene Summe aber $= X + \dfrac{x}{y} + \dfrac{x}{ym}$

ist in diesem Falle nicht die Summe $\dfrac{x}{ym}$ reiner Profit und hervorgebrachter Reichthum für den Staat? Können diesen nicht mancherley natürliche Produkte fehlen, welche er für einen Theil der selbst erzeugten Produkte erhandeln müßte! Und ist es sodann in der Wirkung nicht einerley, ob der Staat diese natürlichen Produkte selbst erzeugt, oder durch seinen Fleiß von andern an sich gebracht hat?

An der Möglichkeit, daß eine Manufaktur über den Ersatz ihrer Auslagen und der Konsumtion der Arbeiter noch einen Ueberschuß, und also auch einen wahren Reichthum für den Staat abwerfen könne, wird also niemand zweifeln; und ich glaube auch, daß jede blühende Manufaktur diesen klaren Profit wirklich abwerfe, weil jeder Manufakturist sein Gewerb aufgeben und ein anderes ergreifen würde, wann er dabey sonst nichts als den Wiederersatz seiner Auslagen und seiner nothdürftigen eigenen Konsumtion gewinnen könnte.

Zwar wenn, wie Schlettwein behauptet, die Summe $\dfrac{x}{ym}$ nicht von den Käufern der

künst-

künstlichen Produkten gewonnen, sondern durch
Monopolien den Hervorbringern der rohen
Produkte, unbillig entzogen wird: so kann sie
keine Vermehrung der Reichthümer des Staats
genennet werden; aber Fabriken von der Art sind
es auch nicht, von welchen ich behaupte, daß sie
den Staat bereichern und es lassen sich gar wohl
wirkliche Beyspiele von Manufakturen aufbrin-
gen, welche über den Ersatz der Auslagen und
der Konsumtion ihrer Arbeiter noch ein namhaf-
tes Sürplüs abwerfen, ohne durch Monopolien
die Rechte der produktiven Klasse zu kränken.

§. 105.

Fortsetzung dieser Widerlegung.

Der unter den fortdaurenden Fabrikationsauslagen enthaltene Lohn der Arbeiter, ist nicht
nur zu ihrem nothdürftigen Unterhalte hinlänglich, sondern er reicht öfters noch bey einer spar-
samen Wirthschaft zu, um etwas auf künftige Zeiten zu erübrigen. Der geringste Arbeiter in einer Fabrik verdient gemeiniglich mehr,
als man durch den Verkauf jener einheimischen
Naturprodukten erhalten würde, welche er kon-
summirt. Ist dieses nicht reiner Profit und er-
langter wahrer Reichthum für den Staat? Und

zehrt

zehrt denn nur der Arbeiter? Würde sein Unterhalt nichts kosten, wann er müßig gienge? Es
vermehrt also zuverläßig die wahren Reichthümer des Staats, wann diejenigen Einwohner,
deren Hände beym Feldbau, der Viehzucht und
dem Bergbau überflüßig sind, in Manufakturen
arbeiten, und dadurch dem Staate Bedürfnisse
verschaffen, welche er außerdem für einen Theil
seiner Naturprodukte von Fremden einhandeln
müßte.

Werden gleich durch Manufakturen nicht unmittelbar neue Materien erzeugt: so geschiehet
es doch mittelbar. Herr Schlettwein sagt öfters
selbst, daß die Konsumtion der natürlichen Produkten der Grund ihrer größern Reproduktion
sye, und daß die Ausbreitung und Vermehrung
der Fabriken unmittelbar durch sich selbst einen stärkern Verbrauch der zum Leben, zu
den Bequemlichkeiten und zum Vergnügen
dienlichen Naturprodukte würke. Sehr na-
türlich folgt hieraus, daß durch Fabriken die Reproduktion vermehret und der Staat wirklich bereichert werde. Mancher Staat hat einen Ueberfluß an rohen Produkten und seine Einwohner
sind im Grunde doch arm. In manchem Staate verhält sich die Reproduktion zu der natürlichen

chen Fruchtbarkeit des Erdbodens wie 1 zu 10,
blos deswegen, weil es ihm an zehrenden Gliedern fehlt, und weil er durch andere Zufälle verhindert wird, seinen Ueberfluß an Ausländer mit
Nutzen und in seinem wahren Werthe zu vertauschen. Wie sehr kann der wahre Reichthum
eines solchen Staats durch Manufakturisten vermehret werden! Man lasse sich nur von alten Offiziers erzählen, was in einer solchen Gegend schon eine mittelmäßige Garnison für be-
wundernswürdige Wirkungen auf Industrie, Reproduktion und Wohlfarth der Einwohner her-
vorzubringen vermag.

§. 106.

In welchen Fällen die Ausfuhr roher und die Einfuhr künstlicher Produkte mit Abgaben zu belegen seye.

Es ließe sich noch manches zu Bestättigung
meines Satzes anführen, welches ich jetzt mit
Stillschweigen übergehe, um nicht gar zu weit
von meiner Bahn abzuweichen. Genug ich glaube mit Grund überzeugt zu seyn, daß auch Manufakturen den Staat wirklich bereichern können,
und daß also einer weisen Regierung allerdings
ob-

obliege, auch auf den Handel mit rohen Produkten, welche sie verarbeiten, ein vorzügliches
Augenmerk zu richten. Daß man bisweilen
durch Imposten den innländischen Manufakturen aufhelfen könne, ist ganz gewiß; eben so
richtig aber ist es, daß solche Anstalten in manchen Fällen unzuläßig und bisweilen nicht nur
dem Staate überhaupt, nicht nur der produktiven Klasse; sondern auch nicht selten den Manufakturen selbst schaden können. Wir wenden
uns also zur nähern Betrachtung dieser Umstände, unter welchen es vortheilhaft oder schädlich seyn könne, die Ausfuhr der rohen Produkte und die Einfuhr fremder Manufakturwaaren mit Abgaben zu belegen.

Zween aneinander gränzende Staaten O. und
P. haben beede Flachsbau und beede Leinwand-
fabriken. O. bauet mehr Flachs als P. hat
aber noch nicht so viele Manufakturen, welche
das Land mit hinlänglicher Leinwand versehen
könnten, und weil die Manufakturen in P.
älter und schon vollkommener sind: so kaufen
die Einwohner in O. alle Jahre von diesen;
oder sie sind wohl gar so sehr an sie gewöhnt,
daß sie bey gleicher Schönheit und Güte die
fremde der einheimischen Leinwand vorziehen, und

O   das

dadurch die innländische Manufaktur außer Stand
setzen, ihre ganze Fabrikation zu verkaufen. ——
Dieser Fall existiret nicht bloß in der Einbildung;
man hat ihn schon in seiner Wirklichkeit gese=
hen. ——

Der Staat P. erzeugt nicht so viel rohes
Produkt, als er verarbeitet. Er erkauft also
in O. noch alle Jahre so viel Flachs, als er zu
Bestellung seiner vielen Manufakturen nöthig
hat, und versendet dagegen dieses Produkt wie=
derum verarbeitet nach O.

Der Staat O. siehet endlich ein, daß durch
dieses Kommerz seine wahren Reichthümer mit
jedem Jahre abnehmen, weil er z. E. 4000 Centner
Flachs nach P. sendet, und für ihren Preiß
nur so viele Leinwand zurück erhält, als er
aus 2000 Centnern selbst hätte verfertigen kön=
nen. Er denkt also auf Mittel, dieses Uebel
abzuwenden und seine eigene Manufakturen em=
por zu bringen. Er ertheilt den innländischen
Manufakturen ein Monopolium, verbietet die
Ausfuhr des Flachses und die Einfuhr der Lein=
wand. Was entstehet daraus? Der Land=
mann an den freyen Handel an die daher ent=
stehende Konkurrenz innländischer und fremder
                                        Käu=

Käufer und gute Preise gewöhnet, muß sein
Produkt an die einheimischen Fabriken unter
dem wahren Werthe abgeben und fängt also
an, statt des Flachses andere Produkte zu
bauen, welche bessern Gewinn gewähren; der
Manufakturiste hingegen, welcher nunmehr die
Preiße nach eigenem Gefallen bestimmen kann,
nöthiget den Landmann, ihm das rohe Produkt
im geringsten Preiße zu überlassen, erhöhet dagegen den Preiß der Leinwand unleidentlich
und vermindert ihre innerliche Güte je mehr
und mehr, weil er versichert ist, daß man sie
ihm doch abnehmen muß. In kurzer Zeit hat
der Staat O. keinen Flachs und keine Leinwand mehr, und der reich gewordene Mono-
poliste kann sich trösten, wann auch seine Manufaktur eingehet. In dem benachbarten Staate gehet auch ein Theil der Manufakturen zu
Grunde, aus Mangel der rohen Materien, und
die wenigen eigenen Produkte erreichen einen
sehr hohen Werth, weil keiner seine Manufaktur zuerst schließen will.

Nun wird der Staat O. aus Erfahrung
klüger; hebt die mißbrauchten Monopolien auf;
lässet den Handel mit Flachs und Leinwand
wiederum frey und schlägt dagegen gelindere

Wege

Wege ein. Auf die Ausfuhr des Flachses und
auf die Einfuhr der Leinwand wird ein mäßiger Impost gelegt. Gesetzt nun der Preiß des
Flachses war vor der Einschränkung des Han-
dels = a. der Impost aber = b. so wird der
innländische Manufakturiste der produktiven Klasse ihr rohes Produkt um die Summe a + b.
und mithin theurer als der Ausländer abkau-
fen und doch mit mehr Vortheil als dieser arbeiten können, weil diesen, die Transportkosten
nicht mit gerechnet, das rohe Produkt, welches
er auf dem Marktplatze mit jenem in gleichem
Preiße bezahlen muß, immer um die Summe
b. höher zu stehen kommt. Um indessen seine
Fabriken nicht stille stehen zu lassen, muß er
doch in diesem höhern Preiße im Staate O.
einkaufen und mit einem geringern Profit zu
frieden seyn. Gesetzt aber auch, die Manufakturen in P. wären bereits so vollkommen, daß
sie denen in O. wegen ihrer Fabrikationsvor-
theile dem ohngeachtet noch gleiche Preiße halten könnten: so würde dannoch die Auflage
auf die Einfuhr ihrer Leinwand, den einheimischen Manufakturen einen beträchtlichen Vor-
sprung verschaffen. — Dieses ist, glaube ich,
der Fall, in welchem ein Konsumtionsimpost
nicht nur unschädlich, sondern so gar nützlich ist.

Der

Der Preiß des rohen Produktes wird dadurch nicht vermindert, sondern vielmehr erhöhet, und der Landmann zur Reproduktion ermuntert; der Handel mit den rohen und künstlichen Produkten bleibt offen; der innländische Manufakturist kann mit Vortheil arbeiten; darf aber doch nicht schlecht arbeiten, weil ihm sonst seine Waaren des geringern Preißes ohngeachtet, liegen bleiben; und das Publikum ist gut bedient. Der Impost fällt über dieses nur dem Ausländer beschwerlich.

§. 107.

Fortsetzung dieser Untersuchung.

So lange aber die einheimische Fabriken noch merklich geringere Waaren verfertigen als die Ausländer; so kann man zwar die Ausfuhr des rohen Produktes mit Imposten belegen, aber die Einfuhr der Fabrikwaaren ist frey zu lassen.

Wann der Impost so groß ist, daß er dem Ausländer den Einkauf und Verkauf fast gar nicht mehr verstattet: so hat er mit dem Monopolium gleiche Wirkung und ist schädlich.

Wann der Staat N. das rohe Produkt ohne viel größern Aufwand anderswoher erhalten kann:

so

so muß man sich wohl in Obacht nehmen, ihm
den Einkauf nicht sehr zu erschweren, ehe die inn=
ländische Manufakturen zahlreich und vollkom=
men genug worden sind, damit es der produkti=
ven Klasse an Käufern nicht fehlen möge. ꝛc.

Bisweilen beruht die ganze Handlung eines
Landes nur noch auf einem einzigen Artikel. In
diesem bedenklichen Falle ist eine unbegränzte
Freyheit nothwendig, und selbst ein rohes Produkt
darf mit keiner Abgabe beschweret werden.

Wann der Staat nicht so groß ist, um die
Fabrikaturen einer beträchtlichen Manufaktur
selbst zu konsummiren: so ist es in unsern Ta=
gen gar nicht mehr räthlich neue Fabriken an=
zulegen, wann man nicht solche natürliche,
wesentliche und ausschließende Vortheile vor
sich siehet, welche wahrscheinlich hoffen lassen,
man werde es bald so weit bringen, um in der
Konkurrenz mit den Ausländern, diesen den
Markt völlig abzugewinnen zu können. Dann bey
dem gegenwärtigen, allgemeinen Zusammenstoß
gleicher Erwerbarten bey verschiedenen Natio=
nen hält es unendlich schwer eine neue Manu=
faktur empor zu bringen. Es ist nicht mög=
lich, daß alle Länder Alles haben können; und

eben

eben dadurch, daß sie, der Natur zum Trotz, alles haben wollen, richten sie sich untereinander selbst zu Grund. Und eben daher, sagt ein ungenannter Schriftsteller, * entstehen die allgemeine Klagen über Mangel an Geld und Nahrung mitten unter der täglichen Vermehrung der Gold und Silbermasse und der Nahrungsarten. Vor Zeiten war's nicht also. Als Deutschland zur Zeit der Hansee voller Tuchmacher war, hatten England und Frankreich noch keine ; als die französischen und englischen selben Tuchmacher noch nicht klagten, hatte Deutschland deren keine. Allein in unsern Tagen scheinen nicht nur alle Nationen, sondern sogar alle kleine Provinzen den stillschweigenden Vertrag aufgerichtet zu haben, daß eine jede der andern, so viel nur immer möglich, zu entbehren suchen wolle.

§. 108.

Von Auflagen auf noch andere Gattungen fremder Produkte.

Fremde Produkte, welche bloß durch das Land gehen, werden allenthalben mit

D 4 Auf=

* In der allgemeinen deutschen Bibliothek. 25. Bd. 1. St. 265. S.

Auflagen beschweret. Wann sie ohne sonder-
liche Unbequemlichkeiten einen andern Weg
nehmen können : so erfordert die Klugheit, sie
nicht durch übermäßige Auflagen zu diesem
Entschluß zu bewegen.

Ausländische Waaren, welche zu unsern ohnentbehrlichen Bedürfnissen gehören, sollten bey ihrer Einfuhr eben so wenig mit Auflagen beschweret werden, als die
eigene Landesprodukte von der Art.

Die Einfuhr fremder Waaren endlich,
welche blos zu Unterhaltung des Luxus
dienen, ist allerdings vorzüglich durch Auflagen zu beschweren. Wann diese Waaren aber
so beschaffen sind, daß sie sehr leicht unbemerkt
eingebracht werden können : so muß man sich
entweder gefallen lassen, daß vieles ohne Bezah-
lung der Accise ins Land gebracht wird, oder
man muß um eines einzigen solchen Artikels
willen, jene dem Kommerz so nachtheilige Mittel ergreifen, welche oben im 97. §. angezeiget
wurden.

§. 109.

§. 109.

Welches ist die beste Konsumtions=
auflage.

Unter allen Konsumtionsauflagen, glaube
ich, sind wohl mäßige Zölle, Weggelder und
Umgelder die unschädlichsten. Zölle, so lan=
ge sie sich mehr nach der Größe der Fracht=
wägen und nach der Menge der Pferde, als
nach dem Preiß der darauf geladenen Waaren
selbsten richten, erschweren den Transport der
Kaufmannsgüter und also auch das Kommerz
selbsten nicht sonderlich. Produkte, welche nur
im Großen verführt zu werden pflegen, und
leicht in das Gesicht fallen, wie zum Beyspiel
Getraid, Wein, Oel, Salz, Thiere, u. d. g.
mögen immer ihre besondere Zölle entrichten,
es sind deswegen doch keine mit den Mauthen
verknüpfte Verationen zu ihrer Erhebung nö=
thig. Weggelder bezahlt man gerne, so lange
sie nicht übermäsig hoch sind und die Landstras=
sen gut unterhalten werden, weil sie das Kom=
merz ungleich weniger beschweren, als schlimme
Wege und Vorspann. Umgeld, die Erfindung
des fränkischen Königs Chilperichs (wie man
sagt) ist, wie Sie wissen, unter allen Konsum=

D 5   tions=

tionsauflagen am leichtesten und zuverläßigsten
zu erheben und trift ein Produkt, welches nicht
absolut zur Leibesnahrung und Nothdurft gehöret, nur in kleinen Theilen.

§. 110.

Welches sind die vorzüglichsten Auflagen
unter allen?

Allein, die Frage : welches sind die vor-
züglichsten Auflagen unter allen? lässet
sich nicht allgemein beantworten, weil die besondere Landesverfassung eine Auflage in B.
sehr schädlich machen kann, welche in A. vielleicht
die nützlichste ist. Und wann sich auch diese
Frage geradezu beantworten ließe : so würde
doch mir eine solche bestimmte Antwort vielleicht
nicht zu Gesichte stehen.

Indessen hat jeder Schriftsteller die Freyheit
sich sein Utopien zu formen, wie er will, und
jeder formet sich's auch zuverläßig nach seiner
eigenen Grille. In so ferne also kann ich mir
mein idealisches Land wohl auch nach eigenem Gefallen bilden ; nur darf ich nicht ver-

lan-

langen, daß andere wirkliche Länder, sich nach
diesem Muster umformen lassen sollen.

Vorausgesetzt also, daß dieses glückliche oder
unglückliche Land mehr Ackerbau und Viehzucht
als Manufakturen und Handlung hätte, so be
ich in selbigem die Steuer von liegenden
Gründen, die Viehsteuer und Gewerbs
steuer allen andern Auflagen vorziehen.   Für
Personen aber, welche weder den Acker bauen,
noch bürgerliche Gewerbe treiben, sondern blos
von ihren Zinsen und Renten leben, müßte
ich freylich auf andere billige persönliche
Auflagen denken, damit sie weder ganz um=
sonst sich schützen lassen und dafür alle Regie=
rungsanstalten, sowohl dies = als jenseits der
Gränzen kritisiren können, noch auch durch zu
starke Abgaben auf die Gedanken gerathen mö=
gen, die Nachsteuer zu bezahlen, und ——
auszuwandern.   Das Land würde doch wenig=
stens dabey den Dünger einbüßen, welchen die
Pferde unter Weges verzehren, wenn sie den
Theil von Produkten unser Landes fahren müs=
sen, welchen diese schädlichen Leute innerhalb der
Gränzen verzehren. —— Personen, welche Al=
ters

ters, halben nicht mehr arbeiten können, schütze
ich aus Dankbarkeit umsonst. —— *

Je einfacher die Maschine ist, desto besser ist
sie — das sehe ich selbst ein. Weil ich sie aber
doch nicht so ganz einfach einrichten kann, wie
ich gerne wollte: so kann es wohl seyn, daß ich
noch auf die Gedanken komme, unter einer billigen Einschränkung auch von der Ein- und
Durchfuhr fremder Produkte mäßige Zölle
und Weggelder, und vielleicht auch von Wein,
Bier, Brandwein ein bischen Umgeld zu
erheben, nur damit ich die Produktionsauflagen
desto mäßiger einrichten und mir dadurch in den
Beuteln meiner Unterthanen einen Nothpfennig
sammeln kann. —— Mein Ländchen hat nun
zwar mancherley Abgaben; aber vielleicht doch
ein

---

* Nur die Frau N . . . . und den Herrn
L . . . . ausgenommen. —— Sie haben
in ihrem ganzen Leben nichts nützliches gethan, und sind jetzt nicht im Stand ihre
jährliche Einnahme ganz aufzuzehren.

ein halbes Hundert weniger als viele andere!
Dagegen aber will ich mich bestreben, die von
Herrn Schlettwein angepriesene Freyheit im
Handel und Wandel und allen Gewerben, möglichst herzustellen, und die Geniessungsrechte
meiner Unterthanen so wenig einzuschränken als
es nur immer seyn kann. — Wem diese Finanzeinrichtung anstehet, der komme und werde
mein Unterthan!

Ich habe nun ausgeträumt; und indeme ich
mich bey meinen Lesern beurlaube, muß ich sie
noch einmal auf das angelegentlichste bitten, von
mir ja nicht zu glauben, als ob ich fähig wäre,
die Einsichten und Verdienste des von mir so oft
angeführten Herrn Schlettwein zu verkennen,
weil ich mir die Freyheit genommen habe, einige seiner Sätze in Zweifel zu ziehen, und meine Gründe dagegen vorzutragen. Das neue
Finanzsystem von der einzigen Auflage
auf den reinen Ertrag der Ländereyen,
ist ein so wichtiger Gegenstand, welcher die ge-

naueste

naueste Unterfuchung und möglichste Bearbeitung verdient. Seine gute oder schlimme Folgen sind unermeßlich! Die Begierde, die Wahrheit zu erforschen war meine einzige Triebfeder. Kann ich aus Gründen überzeugt werden, daß Herr Schlettwein und seine Vorgänger recht haben: so will ich mit Freuden ihr Jünger werden!

Lightning Source UK Ltd.
Milton Keynes UK
UKHW041630040119

334726UK00010B/967/P